Uffa!

espressioni idiomatiche e...molto di più
leggere e comunicare

Uffa!

**espressioni idiomatiche e...molto di più
leggere e comunicare**

Concetta Perna

EDIZIONI FARINELLI

www.edizionifarinelli.com

Anche di Concetta Perna

Non soltanto un baule
Eserciziario per Diario della studentessa Jean

Cover Design by Shannon Reeves

Copyright © 2007 Concetta Perna

Published by Edizioni Farinelli
20 Sutton Place South
New York, NY 10022
Tel: +1-212-751-2427
E-mail: edizioni@mindspring.com

www.edizionifarinelli.com

ISBN-10: 0-9786016-3-7
ISBN-13: 978-0-9786016-3-8

Printed in the United States of America

Cover illustration granted by permission from Hallmark Licensing, Inc.

Ringraziamenti

Ringrazio tutti coloro che mi hanno incoraggiata a realizzare *Uffa!*

Sono molto riconoscente a Michael Yeates per aver dedicato il suo tempo prezioso alla lettura del testo e alla revisione di tutte le note in inglese. La sua pazienza e il suo amore per la precisione hanno sicuramente conferito un notevole valore aggiunto a questo lavoro.

La mia gratitudine va ad Elise Magistro, Scripps College, Claremont, California, per aver esaminato gli argomenti affrontati in *Uffa!* facendo tesoro della sua ricca e lunga esperienza a contatto con studenti d'italiano.

Un grazie sincero va ai seguenti insegnanti d'italiano degli Stati Uniti che hanno provato alcuni capitoli di *Uffa!* in classe e hanno risposto al questionario sia sul contenuto del libro che sulla sezione didattica:
Adriana Aloia, Westlake High School, Thornwood, NY; Laura Baur, Lyman Hall High School, Wallingford, CT; Rosa Bellino-Giordano, Language Consultant, Oviedo, FL; Bruna Boyle, University of Rhode Island (formerly Narragansett High School, Narragansett, RI); Elda Buonanno, Columbia University, New York, NY; Cathy Burton, Tomales High School, Tomales, CA; Maria De Blasio, Palisades Park Jr/Sr High School, Palisades Park, NJ; Lucrezia Lindia, Eastchester School District, Eastchester, NY; Carmela Mastragostino, Huntington High School, Huntington, NY; Carmela Pesca, Central Connecticut State University, New Britain, CT.

Ringrazio Nunziata Rella, Ph.D, executive director of the Italian American Committee on Education (IACE) of New York, per le sue acute osservazioni.

Ringrazio mio marito e i miei figli Antongiulio e Alessandro per incoraggiarmi sempre a credere in quello che faccio.

Uffa! non sarebbe mai venuto in essere senza il sostegno morale, la guida e l'incoraggiamento di Jean Farinelli. A Jean sarò per sempre grata per aver mantenuto vivi l'entusiasmo e la fiducia nella validità di questa pubblicazione.

L'Autrice

Concetta Perna vive e lavora a Sydney in Australia. È nata in Italia a S. Giorgio Lucano (Matera). Dopo aver conseguito la maturità classica, si è laureata a pieni voti in Scienze Politiche, con una specializzazione in Diritto Internazionale. In Italia ha insegnato materie economiche e giuridiche presso scuole superiori di Milano e Torino. Sin dal suo trasferimento in Australia nel 1984, si dedica all'insegnamento della lingua e cultura italiana presso la Macquarie University di Sydney e la Sydney University.

Indice

Indice – Eserciziario

Nota per gli insegnanti

Uffa! è indirizzato a studenti d'italiano di livello intermedio-avanzato. È stato concepito e sviluppato anche per soddisfare i nuovi bisogni ed affrontare le nuove sfide poste dall'introduzione dei corsi dell'Advanced Placement program. Si prefigge lo scopo di sviluppare l'aspetto comunicativo nell'apprendimento dell'italiano come seconda lingua.

Per questa ragione il formato scelto è quello del dialogo. Si affrontano tematiche che interessano gli adolescenti, le loro famiglie e il mondo che li circonda. Sono state create delle situazioni in cui ogni studente può identificarsi: vanno dai rapporti con i genitori ed i conseguenti conflitti generazionali, ai rapporti con gli amici, con le ragazze / i ragazzi, con i professori, ai problemi scolastici, alle attività sportive e di intrattenimento (cinema, televisione, discoteca, feste tra amici, viaggi) fino alle discussioni su temi di carattere sociale.

I dialoghi sono stati sviluppati in maniera dinamica e coinvolgente, in uno stile linguistico attuale, 'colorito' da espressioni idiomatiche e colloquiali.

I protagonisti del libro sono ragazzi tra i 17 e i 18 anni d'età, legati da un'amicizia cominciata dalla primissima infanzia. Sono tutti australiani, eccetto una ragazza, Bianca, che è arrivata da poco dall'Italia ed entra a far parte del gruppo.

Davanti a lei si apre un mondo sconosciuto e diverso. È molto curiosa di scoprire la nuova cultura con cui deve confrontarsi, il modo di vivere dei suoi coetanei, nati e cresciuti in una realtà molto diversa dalla sua, di capire la loro esperienza di adolescenti ed il modo in cui affrontano tematiche sociali, familiari, scolastiche e di relazione con gli altri. I giovani australiani, dal canto loro, mostrano la stessa curiosità nei confronti di alcuni aspetti della cultura italiana e del modo di vivere dei loro coetanei in Italia, che scoprono attraverso Bianca.

Questo offre all'autrice la possibilità di costruire delle 'chiacchierate' tra gli amici e degli scambi di opinioni su contesti culturali autentici, usando il linguaggio ed il modo di porsi tipico dei giovani: a volte in chiave ironica, a volte in toni molto seri, spesso a metà strada tra il serio e il faceto.

Gli studenti che leggeranno il libro in classe avranno l'opportunità di esplorare, discutere e scambiare opinioni su temi che stanno a cuore a tutti loro.

Uffa! offre una strada a doppio senso: leggendo e migliorando la lingua italiana, gli studenti sono esposti anche alla cultura italiana e viceversa. Questo risponde al paradigma lingua-cultura secondo cui l'apprendimento di una lingua risulta più efficace quando diventa strumentale alla comprensione della cultura e della società del paese di cui si studia la lingua.

Gli insegnanti avranno il compito di incoraggiare gli studenti a riflettere su argomenti spesso delicati, a ragionare con approccio critico e ad esporre i loro punti di vista, possibilmente in forma di dialogo.

In sintesi, *Uffa!* offre agli studenti uno strumento di studio che li aiuterà in diversi modi:

• Incoraggerà a leggere in italiano ed a capire quello che leggono attraverso domande, discussioni ed analisi del testo. Infatti, ogni capitolo è affiancato da una sezione didattica che include domande di comprensione, domande a risposta multipla, esercizi *cloze* ed esercizi su punti grammaticali particolarmente difficili per gli studenti. Sono stati inclusi esercizi di diversa natura: alcuni più difficili, altri un po' meno. L'insegnante potrà valutare quali sono adatti ai propri studenti.

• Aiuterà gli studenti a familiarizzare con espressioni idiomatiche e modi di dire della lingua italiana, così com'è parlata oggi in Italia e ad usarli in situazioni simili.

• Incoraggerà gli studenti a partecipare alla conversazione in classe. È provato che gli studenti sono più disponibili ad avere un ruolo attivo nella conversazione in classe, se si sentono personalmente coinvolti e possono relazionarsi con quello che leggono. Le tematiche affrontate in *Uffa!* toccano, in diversa misura, tutti loro.

Nella sezione didattica sono state inserite spiegazioni, in inglese, sull'uso di alcuni verbi e di altre parti del discorso il cui significato cambia secondo il contesto in cui sono inseriti.

Uffa! aiuterà senza dubbio gli studenti ad acquisire delle capacità comunicative che permetteranno loro di esprimersi in una maniera naturale e competente su un vasto numero di tematiche, sia nella forma orale che scritta.

Soprattutto impareranno e si divertiranno allo stesso tempo.

I personaggi

I racconti di questo libro sono ambientati a Sydney, in Australia. I personaggi frequentano l'ultimo anno delle scuole superiori. Scopriamo come vivono la loro straordinaria avventura di adolescenti.

Luca: Ha diciassette anni, è nato a Sydney dove i suoi genitori si sono trasferiti dall'Italia per motivi di lavoro. Frequenta l'ultimo anno del liceo, va bene a scuola, è intelligente, ma non gli piace molto studiare. Ha tre grandi passioni: le macchine, il calcio e la musica. Per la verità, ha una quarta passione (le ragazze), ma... shhh!... è un segreto. È spesso in conflitto con la mamma.

Bianca: È venuta da qualche mese a vivere a Sydney dove il papà si è trasferito dall'Italia per lavoro. È una bella ragazza, molto intelligente, simpatica, dinamica e curiosa di scoprire il modo di vivere dei giovani australiani. Ha una grazia **accattivante**[1] soprattutto quando parla inglese con l'accento italiano.

Lorenzo: È bravissimo a scuola, infatti, è sempre il primo della classe. Sembra più maturo degli altri forse perché da quando aveva dodici anni deve **farsi la barba**[2] tutti i giorni. Sembra anche essere il più 'popolare' con le ragazze. Ha dei bellissimi occhi verdi ed un sottile senso dell'umorismo.

Giulia: È la classica ragazza della porta accanto. È perennemente vestita in jeans, di cui fa la collezione. Molti dicono che assomigli a Julia Roberts. Abita vicino a casa di Luca e quando Luca passa davanti a casa sua suona sempre il clacson. Forse Luca ha **una** piccola **cotta per lei**.[3]

Erika: È una ragazza vivace e sempre sorridente. Ha gli **occhi castani**,[4] grandi ed espressivi, i capelli lunghi e neri e si veste in maniera un po' eccentrica. Ama seguire la moda, ma, siccome non ha molti soldi, compra i suoi vestiti dai negozi di seconda mano. **Sprizza allegria da tutti i pori**[5] e la sua voglia di vivere è contagiosa.

Robert: (Robbie per gli amici) È il più calmo del gruppo, ha sempre i capelli in ordine, va regolarmente in palestra e, per questa ragione, ha un fisico atletico. È molto bravo in matematica e guida una macchina vecchissima e **scassata**.[6] **A prima vista**[7] sembra timido, ma in realtà è... **tutt'altro che timido**.[8]

---

1 **accattivante**: captivating
2 **farsi la barba**: to shave
3 **una cotta per lei**: a crush on her
4 **occhi castani**: brown eyes
5 **sprizza allegria da tutti i pori**: she is bursting with happiness (lit. excudes happiness from every pore)
6 **scassata**: run down
7 **a prima vista**: at first sight
8 **è tutt'altro che timido**: he is anything but shy

David: È il tipico ragazzo che pensa di 'sapere sempre tutto' e di 'avere sempre una risposta a tutto.' **Ha un forte senso degli affari**.[9] Secondo gli amici sarà quello che 'farà tanti soldi.' Non è molto alto, però ha uno sguardo da *latin lover*. Guida una macchina di lusso e gli piace mostrarla.

Christian: È il più alto ed anche il più magro di tutti. Da piccolo gli amici lo chiamavano '**stuzzicadenti**.'[10] Il suo papà, molto ricco e famoso, è **uno che si è fatto da sé**,[11] ma Christian è modesto e non ne parla mai. Fa un uso esagerato di gel e di profumi costosi. Secondo gli amici è un po' **secchione**;[12] guida il suo **fuoristrada**[13] con molta **cautela**.[14] Ha un piccolo problema: non è mai puntuale agli appuntamenti.

Emanuel: È biondo, di statura media, sempre con la testa tra le nuvole. È molto artistico: ama disegnare e dipingere. Non va nella stessa scuola degli altri, ma è amico di Luca **dai tempi dell'asilo**.[15] È magrissimo, anche se mangia continuamente; quando va a casa di Luca apre subito il frigo alla ricerca di qualcosa da mangiare.

Mamma di Luca: Insegna italiano ed è la tipica madre italiana: cucina tanto, si dedica molto alla famiglia e si preoccupa per ogni cosa. **Cerca**[16] di avere un rapporto aperto con Luca, ma **va su tutte le furie**,[17] quando non studia abbastanza o rifiuta di parlare italiano a casa. È molto orgogliosa di lui e adora osservarlo e seguirlo nel **percorso**[18] che lo porterà dall'adolescenza all'età adulta.

Papà di Luca: Ha un lavoro molto **impegnativo**[19] perciò non trascorre molto tempo a casa. È sempre, però, molto disponibile e paziente. Ha un rapporto 'speciale' con Luca: nelle 'dispute familiari' sono quasi sempre dei perfetti '**alleati**'[20] contro la mamma.

Giorgio: È un ragazzo italiano diciassettenne, simpatico, eccentrico, brillante. Temporaneamente in Australia per un'esperienza di studio, vuole migliorare il suo inglese e conoscere la cultura locale.

---

9 **ha un forte senso degli affari**: is business-minded
10 **stuzzicadenti**: toothpick
11 **uno che si è fatto da sé**: a self-made man
12 **secchione**: study nerd
13 **fuoristrada**: an off-road vehicle
14 **cautela**: caution
15 **dai tempi dell'asilo**: since kindergarten
16 **cerca**: she tries
17 **va su tutte le furie**: she gets really angry
18 **percorso**: path
19 **impegnativo**: demanding
20 **alleati**: allies

CAPITOLO PRIMO

Uffa! Non ne posso più!

Luca *torna a casa dopo una faticosa giornata a scuola. Trova la mamma con la quale, come ogni pomeriggio,* **parla del più e del meno.**[1] *Ma oggi c'è una novità molto interessante.... Scopriamo insieme di cosa si tratta.*[2]

Luca: C'è nessuno a casa?

Mamma: Ciao, tesoro.

Luca: Ciao, mamma.

Mamma: Oh! **Che aria stanca**![3]

Luca: **Puoi ben dirlo,**[4] oggi è stato uno di quei giorni....

Mamma: **Cosa c'è**?[5] Scommetto che sei andato male nel compito di matematica....

Luca: Sei sempre la solita pessimista.... Se **proprio**[6] vuoi saperlo il compito di matematica è andato benissimo, ho preso quattordici su venti, che per me è quasi un miracolo!!! Beh! Lo sai che la matematica **non è il mio forte**...![7] Contenta?

Mamma: Sì, certo, sono contentissima! Ma allora, **non farmi stare sulle spine**,[8] ti prego, dimmi **cosa c'è che non va**....[9]

Luca: Mamma, lo sai qual è il mio problema... i miei professori... sono troppo severi, ci fanno studiare troppo, ci danno troppi compiti. **Uffa, non ne posso più**![10] Siamo solo all'inizio dell'anno scolastico e **ho già le tasche piene dello studio**.[11]

---

1 **parla del più e del meno**: he talks about this and that / he indulges in idle talk
2 **di cosa si tratta**: what's it all about
3 **che aria stanca**: what a tired look
4 **puoi ben dirlo**: you can say that
5 **cosa c'è**: what's up
6 **proprio**: really
7 **non è il mio forte**: it's not my thing / it's not my strength
8 **non farmi stare sulle spine**: don't keep me on pins and needles / don't keep me in suspense
9 **cosa c'è che non va**: what's wrong
10 **Uffa! non ne posso più**: Phew! Ooh! I can't take it anymore
11 **ho già le tasche piene dello studio**: I'm fed up with studying / I'm sick and tired of studying

Mamma: Ecco, **siamo alle solite**....[12] No, no caro, queste cose non le voglio sentire, tanto non avrai mai la mia **comprensione**;[13] quando ti lamenti della scuola e dei tuoi professori **non sarò mai dalla tua parte**.[14] Sei tu che devi studiare di più, mio caro....

Luca: Va bene, agli ordini, grande capo! E tu, invece, **cosa mi racconti di bello**?[15] Com'è andata la tua giornata?

Mamma: Non male, devo dire. Mah! Forse un po' faticosa, come al solito.... Ah! Indovina cosa mi è successo oggi, non ci crederai: nella mia scuola ho conosciuto una nuova studentessa, è simpaticissima, è appena arrivata dall'Italia e conosce le tue cugine Francesca e Giorgia. Il mondo è piccolo eh?

Luca: Davvero? **Ma dai**,[16] che coincidenza! È di Torino?

Mamma: Sì, sì, proprio di Torino, infatti, parla con un leggero accento torinese. Frequentava il Liceo Classico 'San Giuseppe,' dove **per l'appunto**[17] vanno Francesca e Giorgia. Le conosce molto bene, anche se non erano nella stessa classe. Si vedevano fuori della scuola durante il fine-settimana, andavano al cinema insieme e qualche volta anche a fare le spese in centro. Sapessi com'è simpatica!

Luca: Sì, sì, va bene, questo l'hai già detto.... Piuttosto, dimmi... com'è? Voglio dire, fisicamente... sì, insomma... **vale la pena**[18] conoscerla?

Mamma: Ohhh! È così carina, ha i capelli biondi e lunghi, è molto alta e snella.

Luca: Quanto alta, mamma? Lo sai che io non sono molto alto e non mi piace quando le ragazze sono più alte di me.

---

12 **siamo alle solite**: here we go again
13 **comprensione**: understanding
14 **non sarò mai dalla tua parte**: I will never take your side
15 **cosa mi racconti di bello**: don't you have anything nice to say to me?
16 **ma dai**: come on
17 **per l'appunto**: just, exactly
18 **vale la pena**: it's worth the effort / it's worth the trouble

Mamma: **Che sciocco che sei!**[19] Stai tranquillo, non è più alta di te, ma... insomma ha un bel fisico.... Sono sicura che ti piacerà.

Luca: **A proposito,**[20] come si chiama questa... '**perla di ragazza**?'[21]

Mamma: Sai che non me lo ricordo.... Ah sì! Si chiama Bianca, un bel nome, vero?

Luca: Sì... carino.... E... quanti anni ha? Scommetto che non gliel'hai chiesto.

Mamma: Certo che gliel'ho chiesto. Ha diciassette anni e mezzo, quindi è una tua coetanea, **è un peccato**[22] però che lei sembri tanto più matura di te....

Luca: Oh già! E... cos'è venuta a fare qui a Sydney?

Mamma: Mi ha detto che il suo papà è microbiologo, fa il professore nell'università di Torino, nella facoltà di Biologia. Sono venuti a vivere per alcuni anni a Sydney **in quanto**[23] lui fa parte di un'equipe internazionale di ricercatori contro il cancro **presso**[24] la Sydney University.

Luca: Ah sìiii! Molto interessante.... Parla inglese Bianca?

Mamma: Noi abbiamo parlato solo in italiano, però l'ho sentita parlare in inglese con alcuni suoi compagni di classe. Sì, direi proprio di sì... forse con un accento italiano... ma **se la cava**[25] benissimo. Se vuoi le posso chiedere il numero di telefono. Che ne dici?

Luca: Perché no, sono proprio curioso di conoscerla, anche se... **non mi fido**[26] molto dei tuoi gusti....

Mamma: **Magari**[27] avessimo gli stessi gusti!!!

---

19 **che sciocco che sei**: how silly of you
20 **a proposito**: by the way
21 **perla di ragazza**: a gem of a girl (Miss Perfect)
22 **è un peccato**: it's a shame
23 **in quanto**: as
24 **presso**: at
25 **se la cava**: she does very well / she carries it off very well
26 **non mi fido**: I do not trust
27 **magari**: I wish / if only

CAPITOLO SECONDO

Una telefonata

Luca *va su in camera sua e telefona a Lorenzo dal cellulare. Parla a bassa voce per **non farsi sentire**[1] da sua madre.*

Luca: Pronto, Lorenzo, sono Luca, ti telefono velocemente, la mia mamma è giù che mi sta preparando **la merenda**,[2] come va?

Lorenzo: Non ne parliamo, **sono fuori di me dalla rabbia**.[3]

Luca: Cos' è successo di così catastrofico....

Lorenzo: Non è successo niente di catastrofico, ma sono ugualmente **incavolato**.[4] Mia madre non è a casa e mia sorella è qui che **strilla**[5] in una maniera così fastidiosa.... Uffa! **Non la sopporto proprio per niente**....[6]

Luca: Cosa vuole, oggi, la tua sorellina....

Lorenzo: Mi ha chiesto di aiutarla a fare il compito di matematica.

Luca: Beh! Qual è il problema, tu sei così bravo in matematica! **Non sei mica una frana come me**,[7] glielo puoi fare **in quattro e quattr'otto**.[8]

Lorenzo: Il problema è che fra meno di mezz'ora comincia la partita Milan-Liverpool per la coppa europea, non ho intenzione **di perdermi**[9] neanche un minuto....

Luca: **Beato te**[10] che puoi accendere la **tele**.[11] Mia madre mi ha avvertito che mi strangola se solo prendo in mano il telecomando. Mi ha appena ricordato che domani c'è il test d'italiano a scuola e devo ripetere con lei tutti i verbi irregolari. Sai **che divertimento**!!![12] *Io preferisco, tu preferisci, lui preferisce, noi preferiamo....* Uffa! **Che pizza!**[13] **È una vera iella**[14] avere una mamma che fa l'insegnante!

---

1 **non farsi sentire**: not to be heard
2 **la merenda**: afternoon snack
3 **sono fuori di me dalla rabbia**: I'm beside myself with anger
4 **incavolato**: angry
5 **strilla**: she is screaming / she is crying
6 **Non la sopporto proprio per niente**: I can't stand her at all
7 **non sei mica una frana come me**: you're not a hopeless case like me
8 **in quattro e quattr'otto**: in no time; in the blink of an eye
9 **di perdermi**: to miss out
10 **beato te**: lucky you
11 **tele**: television
12 **che divertimento!**: (sarcastic) what a joy!
13 **che pizza**: how boring!
14 **è una vera iella**: it's my bad luck.

Lorenzo: Non vorrei essere **nei tuoi panni**![15] Comunque adesso devo andare! Faccio come hai detto tu, aiuto mia sorella con la matematica così **me la tolgo dai piedi**[16] e poi guardo la partita **in santa pace**![17]

Luca: Va bene, **ti lascio andare**,[18] ti parlerò un'altra volta di una cosa molto interessante.

Lorenzo: Di cosa si tratta?

Luca: Niente d'urgente... beh! Di... una ragazza.

Lorenzo: Di una ragazza? Dimmi! Sbrigati! Sono curioso....

Luca: Ma non hai appena detto che hai fretta?

Lorenzo: Non ho mai fretta, quando si tratta di... ragazze....

Luca: Si chiama Bianca. Tutto quello che so è che è italiana e, secondo mia madre, è molto carina. È nella stessa scuola dove insegna mia madre e starà a Sydney per quattro anni. **Magari**[19] è una un po' *snob* come alcune ragazze italiane che ho conosciuto. Speriamo proprio di no.

Lorenzo: Ah sìiii? Perché, le ragazze italiane sono *snob*?

Luca: Non tutte, per fortuna... alcune però **hanno la puzza sotto il naso**[20] e **ti guardano dall'alto in basso**....[21] Comunque **appena**[22] **riesco**[23] a parlare con lei, organizzo una cena nella nostra pizzeria preferita e così **la presento**[24] a voi tutti. Ha bisogno di fare un po' di amicizie, non conosce ancora nessuno. Allora, cosa ne dici?

Lorenzo: Ottima idea, **conto su di te**![25] Senti, adesso **devo veramente sbrigarmi**,[26] altrimenti...[27] **addio partita**....[28]

Luca: Anch'io devo andare, altrimenti... **chi la sente**[29] mia madre....

---

15 **nei tuoi panni**: in your shoes
16 **me la tolgo dai piedi**: I get her out of my hair / I get her out from under my feet
17 **in santa pace**: in peace and quiet
18 **ti lascio andare**: I'll let you go
19 **magari**: maybe; perhaps
20 **hanno la puzza sotto il naso**: they have their noses in the air / they are stuck up / they are snobs
21 **ti guardano dall'alto in basso**: they look down on you
22 **appena**: as soon as
23 **riesco**: I manage
24 **la presento**: I'll introduce her
25 **conto su di te**: I'm counting on you
26 **devo veramente sbrigarmi**: I really have to hurry
27 **altrimenti**: otherwise
28 **addio partita**: I can say goodbye to the soccer match
29 **chi la sente**: who is going to put up with her / who else will listen to her

Luca scende in cucina ed è particolarmente dolce e gentile con sua madre. Le dà persino un bacio sulla guancia.... Chissà perché...?

Luca: Grazie, mamma, mi hai preparato pane e Nutella... la mia merenda preferita.... Sei la migliore mamma del mondo.... Ah! Senti, mammina, posso vedere per qualche minuto la partita Milan-Liverpool? Te lo prometto, guardo solo i primi dieci minuti. **Ti prego!**[30]

Mamma: Ah! Ecco perché sei così gentile con me? No, no mio caro... **non se ne parla neanche.**[31]

Luca: **Non puoi farmi questo**....[32] È la finale della coppa dei campioni... **ti rendi conto?**[33] Ti prego....

Mamma: Tu adesso mi fai il favore di fare velocemente merenda e poi di **filare**[34] in camera tua. Devi ripetere tutti i verbi irregolari altrimenti domani **farai fiasco nel**[35] test d'italiano....

Luca: (*parlando a se stesso*[36]) **Mi sa che**[37] **per una volta**[38] mia madre ha ragione. È meglio **non tirare troppo la corda**....[39] Ma perché la lingua italiana è così piena di tutti 'sti[40] verbi irregolari e di **un miliardo**[41] di eccezioni.... Uffa! Non ne posso proprio più! Che tortura! Con tutte le cose belle che uno può fare....

Mamma: Cos'è che stai dicendo tra i denti?

Luca: Chi, io? Niente, mamma, non vedi che bel sorriso ho sulle labbra? Sono felicissimo! "Io esco, tu esci, lui esce, noi usciamo, voi uscite, loro..."

Prende i libri e sale in camera sua, pensando alla partita che non potrà vedere....

---

30 **ti prego**: I beg you
31 **non se ne parla neanche**: don't even mention it
32 **non puoi farmi questo**: you can't do this to me
33 **ti rendi conto**: do you realize?
34 **filare**: to go straight to
35 **farai fiasco nel**: you will fail / you will make a mess of
36 **parlando a se stesso**: talking to himself
37 **mi sa che**: I think that / maybe
38 **per una volta**: for once
39 **non tirare troppo la corda**: not to insist / not to pull her chain
40 **'sti**: short for 'questi'
41 **un miliardo**: a billion

CAPITOLO TERZO

Ancora al telefono

Alcuni *giorni più tardi Luca è di nuovo al telefono. Parla con Bianca,*
la ragazza arrivata dall'Italia.

Luca: Pronto, vorrei parlare con Bianca, per favore....

Bianca: Sono io, chi parla?

Luca: Sono Luca, il figlio della **prof**[1] d'italiano che insegna nella tua
scuola.

Bianca: Ah! Ciao Luca, ho sentito un po' di cose su di te.

Luca: Ah sì??? Non sapevo di essere famoso... e, sentiamo, che t'hanno
detto di me? Scommetto che mia madre....

Bianca: Sì, sì, la tua mamma mi ha parlato **a lungo**[2] di te, mi ha detto
che sei carino, simpatico, brillante, intelligente, **spiritoso**....[3]

Luca: Eeee... niente altro? Eh! La mia mamma.... Senti Bianca, ti ho
telefonato per invitarti a mangiare una pizza con me e i miei amici
venerdì prossimo, **ti va**?[4]

Bianca: Sì... che bello, **volentieri**....[5] Oh! No, **aspetta un attimo**![6]
Parli di questo venerdì, vero?

Luca: Sì, sì, venerdì di questa settimana....

Bianca: Che peccato! No, venerdì purtroppo non posso, **sono già
impegnata**,[7] come mi dispiace!

Luca: **Caspita**![8] Sei appena arrivata a Sydney e hai già tanti impegni....
Cosa farai di bello venerdì?[9]

Bianca: Devo andare con i miei genitori a sentire un concerto di musica
classica all'Opera House. **Che barba**....[10] Credimi, **ne farei volentieri
a meno**,[11] ma hanno già comprato i biglietti, non posso dire che ho
cambiato idea. Sarebbero molto delusi se non andassi.

Luca: Va bene, capisco... non è un problema, possiamo fare per sabato
sera allora, sei libera?

---

1 **prof**: short for professoressa
2 **a lungo**: at length
3 **spiritoso**: witty
4 **ti va**: do you feel like it? / are you up for it?
5 **volentieri**: with pleasure
6 **aspetta un attimo**: hold on a minute
7 **sono già impegnata**: I'm busy / I'm already doing something
8 **caspita!**: wow!
9 **cosa farai di bello**: do you have something nice to do?
10 **che barba**: what a bore / how boring
11 **ne farei volentieri a meno**: I could really do without them (commitments)

Bianca: Sì, sabato sono libera, **vieni a prendermi tu**?[12]
Luca: Dipende... se **i miei**[13] mi danno il permesso di guidare.... Sai, siccome ho preso la **patente di guida**[14] solo la settimana scorsa, ovviamente ancora non si fidano. Eppure guido benissimo e soprattutto sono molto prudente. Ma **niente da fare**![15] Il problema maggiore è mia madre, è **un osso duro**,[16] mio padre invece è molto più flessibile.... Comunque, ascolta, proverò a convincerli e, **in un modo o in un altro**,[17] sarò davanti a casa tua verso le sette, va bene?
Bianca: Va benissimo, **non vedo l'ora di conoscerti**.[18]
Luca: Anch'io.... Ciao, Bianca, a sabato allora.

Luca telefona a Lorenzo.

Luca: Pronto, Lorenzo, senti, **è fatta**,[19] andiamo alla solita pizzeria questo sabato alle sette, va bene?
Lorenzo: Sì, va bene, ma dimmi... **come ti sembra**?[20]
Luca: Chi, scusa?
Lorenzo: Bianca... la ragazza italiana.
Luca: Sembra molto **sveglia**[21] e simpatica, sì, sì... direi molto **alla mano**,[22] almeno al telefono. Poi per il resto potremo giudicare solo quando la vedremo. Dai, non essere impaziente, come al solito!
Lorenzo: D'accordo! Aspetterò pazientemente fino a sabato sera.
Luca: **Ci pensi tu ad**[23] avvertire gli altri?
Lorenzo: Sì, certo, non preoccuparti, ci penso io.... Manderò un **sms**[24] a tutti.

---

12 **vieni a prendermi tu**: will you come to pick me up?
13 **i miei**: my parents
14 **patente di guida**: driving license
15 **niente da fare**: there is nothing to be done (to convince her)
16 **un osso duro**: very tough
17 **in un modo o in un altro**: one way or another
18 **non vedo l'ora di conoscerti**: I'm looking forward to meeting you
19 **è fatta**: it's done
20 **come ti sembra**: what is she like? / how does she seem to you?
21 **sveglia**: smart, bright, quick
22 **alla mano**: down to earth
23 **ci pensi tu ad**: will you see to / will you take care of
24 **sms**: text message

CAPITOLO QUARTO

Accesa discussione tra Luca e i suoi genitori: chi vincerà?

È sabato pomeriggio. Luca vuole usare la macchina per prendere Bianca ed andare in pizzeria, ma i suoi genitori non sono d'accordo....

Mamma: No, no e no, ho detto di no! Sei troppo inesperto per guidare la macchina da solo, senza nessuno di noi a bordo!

Luca: Ma perché non posso prendere la macchina? Qual è il problema... ho preso la patente, sì o no? Dammi una sola ragione....

Mamma: Certo che l'hai presa, ma solo due settimane fa. E poi... sai come la penso... **per conto mio**[1] prendere la patente a diciassette anni, è una follia... è troppo presto, a quest'età siete ancora immaturi. È molto meglio in Italia dove, per la patente, bisogna aspettare fino a diciotto anni... e poi... sì, sei bravo, ma... non hai ancora abbastanza esperienza....

Luca: Ma se papà dice che guido meglio di te....

Mamma: (*rivolgendosi a suo marito con tono ironico*) Ah sìiiiii? È questo quello che pensi eh? Grazie, sei molto gentile, sono molto contenta della tua opinione. Caro, ti ricordo che IO in tutta la mia vita non ho mai avuto un incidente. Non possiamo dire la stessa cosa di te.... Ti ricordi, quando guidavi sull'autostrada in Italia a 180 km all'ora e **per un pelo**[2] non siamo finiti sulla corsia opposta?

Papà: Per favore, **non venire fuori con**[3] quell'episodio, è **acqua passata**,[4] è successo tanto tempo fa... e poi ho ammesso di avere sbagliato. Ma tornando a noi, Luca, io questa volta sono d'accordo con la mamma, non avere tutta questa fretta di **bruciare le tappe**[5] e di diventare indipendente. Sei un ragazzo intelligente e sveglio, però, credimi, è un po' imprudente guidare già da solo e soprattutto portare altre persone a bordo. Sei responsabile non solo della tua vita ma anche di quella degli altri.

---

1 **per conto mio**: as far as I'm concerned
2 **per un pelo**: by a hair
3 **non venire fuori con**: don't bring up
4 **acqua passata**: it's water under the bridge / it's over and done with
5 **bruciare le tappe**: to jump the gun

Luca: Papà, non dirmi che anche tu **la pensi come**[6] la mamma! **Non ci posso credere**,[7] ma scusate, come spiego ai miei amici che... sì... ho la patente, ma... i miei non mi permettono di usare la macchina. **Mi prenderanno tutti in giro**.[8] Io veramente mi ero illuso che almeno tu, papà, non fossi così rigido.... **Che delusione**....[9] **Che figura faccio**[10] con Bianca!

Mamma: Luca, **taci**[11] e ascoltami per qualche istante. Cerca di capire il nostro punto di vista. Hai voluto prendere la patente a tutti i costi nel giorno del tuo diciassettesimo compleanno e noi non abbiamo detto "No!" Adesso, però, devi essere un po' più ragionevole! Quando sei in macchina con i tuoi amici ascoltate la musica ad alto volume, parlate e scherzate tra voi e puoi facilmente distrarti. A volte un incidente può capitare solo per una frazione di secondo, per un attimo di distrazione.

Luca: Non è vero, e poi la tua macchina è molto sicura....

Mamma: Sì, ma è anche molto potente e veloce. E poi, dì la verità, ti piace premere l'acceleratore... e... non ti piace tanto rispettare i limiti di velocità o **mi sbaglio**?[12]

Luca: Ti sbagli **in pieno**,[13] ma **proprio tu parli**,[14] non hai appena preso due multe per eccesso di velocità?

Papà: Basta! Se andiamo avanti così non finiremo mai di litigare. Ascolta Luca, io ho una proposta da fare. Tu vai insieme con la mamma a prendere Bianca....

Luca: E chi guida?

Mamma: Tu, guidi tu, naturalmente... io poi ritorno a casa e....

Papà: ...E quando siete pronti per ritornare a casa mi telefoni, così vengo io con la mia macchina a prendervi e riaccompagniamo Bianca a casa. Ovviamente **faccio guidare te**,[15] cosa ne dici?

---

6 **la pensi come**: you think the same way as
7 **non ci posso credere**: I can't believe it
8 **mi prenderanno tutti in giro**: they'll make fun of me
9 **che delusione**: how disappointing
10 **che figura faccio**: what a bad impresssion I'll make
11 **taci**: keep quiet
12 **mi sbaglio**: am I wrong?
13 **in pieno**: completely
14 **proprio tu parli**: look who's talking
15 **faccio guidare te**: I'll let you drive

Mamma: Mi sembra un'ottima idea!

Luca: **È una pessima idea.**[16] NO! **Non ci sto!**[17]

Mamma: **Calmati!**[18] Non è il caso di arrabbiarti così. Io ho un'altra soluzione: per questa volta potete andare con la macchina di Christian che è un anno più grande di te e guida già da un po' di tempo. Ti prometto che tra qualche mese ti farò guidare **tutte le volte**[19] che vorrai.

Luca: Non ci credo, mi dici così solo **per tenermi calmo**....[20]

Mamma: Uffa, **smettila!**[21] Sai bene che mantengo sempre le mie promesse. Allora, va bene?

Luca: No, **non va bene per niente,**[22] ma devo accettare, **devo fare buon viso a cattiva sorte,**[23] non ho alternative. A proposito mamma, quando finalmente TU deciderai che IO potrò guidare, mi darai i soldi per la benzina?

Mamma: **Neanche per sogno**....[24]

---

16 **è una pessima idea**: it's a terrible idea
17 **non ci sto**: I don't agree to it
18 **calmati**: calm down
19 **tutte le volte**: every time
20 **per tenermi calmo**: to keep me quiet
21 **smettila**: stop it!
22 **non va bene per niente**: it is not fine at all
23 **devo fare buon viso a cattiva sorte**: I have to make the best of things / I have to put a good face on it
24 **neanche per sogno**: not even in your dreams / not on your life

CAPITOLO QUINTO

Dopo tanta attesa,
finalmente l'incontro: come sarà?

Finalmente è *sabato pomeriggio. Contrariamente al solito, Christian arriva* **puntuale**[1] *con la sua macchina da Luca, sale in camera sua, lasciando* **una scìa**[2] *di profumo per tutta la casa.*

Luca: Accidenti, Christian, **che diamine hai combinato?**[3] **Ti sei versato** l'intera bottiglia di profumo **addosso?**[4] Profumi peggio di una ragazzina....

Christian: **Voglio fare colpo su**[5] Bianca. Sono o non sono un *latin lover*?

Luca: **Non ti illudere,**[6] quando c'è Lorenzo noi due non abbiamo speranze.... A proposito, cosa mi consigli di **mettere,**[7] questa maglietta rossa o questa camicia azzurra con le righe nere?

Christian: Luca, **da quando in qua**[8] ti preoccupi di cosa mettere? Mi sbaglio o sei un po' nervoso.... Dì la verità che anche tu **vuoi farti notare**[9] dalla ragazza italiana....

Luca: Uhhh che noioso che sei.... Smettila di dire le **solite idiozie!**[10] Okay, ho deciso, **mi metto**[11] la camicia, così mia madre non dice che **sembro un barbone**[12] e che **si vergogna di me**[13] davanti alle sue amiche.... A proposito, hai abbastanza benzina in macchina? L'ultima volta abbiamo fatto appena in tempo ad arrivare al **distributore di benzina**[14] più vicino....

Christian: **Ho fatto il pieno,**[15] rilassati! Sei pronto?

Luca: Sì, sono pronto, andiamo!

---

1 **puntuale**: on time
2 **una scìa**: a trail
3 **che diamine hai combinato?**: what on earth have you done?
4 **ti sei versato... addosso**: did you pour... on yourself
5 **voglio fare colpo su**: I want to impress
6 **non ti illudere**: don't fool yourself
7 **mettere**: to put on; to wear
8 **da quando in qua**: since when?
9 **vuoi farti notare**: you want to be noticed
10 **solite idiozie**: usual idiocy / stupidity
11 **mi metto**: I'm going to wear
12 **sembro un barbone**: I look like a beggar
13 **si vergogna di me**: she is ashamed of me
14 **distributore di benzina**: gas station
15 **ho fatto il pieno**: I filled it up

Christian: Finalmente! Mamma mia, **quanto tempo ci è voluto**[16] per diventare **appena appena**[17] presentabile.... Se troviamo traffico rischiamo di arrivare in ritardo da Bianca. Dai! **Sbrighiamoci!**[18]

Scendono per le scale e salutano la madre di Luca.

Christian: Noi andiamo, signora... arrivederci!
Luca: Ciao mamma, a stasera.
Mamma: Ciao, ragazzi! Christian, **mi raccomando**,[19] guida piano, non mettere la musica ad alto volume e soprattutto non ballare sul sedile mentre guidi! **Comportatevi bene**[20] con Bianca e non fate brutta figura! Telefonate se avete bisogno! **Non fate troppo tardi!**[21] Ma... dove siete? Oh!.... Sono già usciti....

Luca e Christian vanno a prendere prima David e Lorenzo, poi tutti insieme vanno a casa di Bianca.

Bianca è una ragazza molto graziosa, esuberante e spontanea. Indossa un paio di jeans, una maglietta rosa e dei grandi occhiali da sole con le lenti azzurre. Ha un bellissimo sorriso ed è molto simpatica. Incontra sicuramente le aspettative dei ragazzi. Lorenzo, soprattutto, rimane **senza parole**.[22]

Luca: Ciao Bianca, sono Luca, **ti presento**[23] Lorenzo, David e Christian.

Si danno la mano.[24]

Bianca: Salve ragazzi! Non vedevo l'ora di conoscervi. Luca, tu sei esattamente come ti ha descritto tua madre....

---

16 **quanto tempo ci è voluto**: how long did it take
17 **appena appena**: just (it's repeated for emphasis)
18 **sbrighiamoci**: let's hurry up!
19 **mi raccomando**: I beg you; please
20 **comportatevi bene**: behave yourselves
21 **non fate troppo tardi**: don't be too late
22 **senza parole**: speechless
23 **ti presento**: meet ... / may I introduce
24 **si danno la mano**: they shake hands

Luca: (*un po' impacciato*[25]) Ah sìiiii? Andiamo?

Lorenzo: (*anche lui un po' impacciato*) Sì certo, saliamo in macchina....
Bianca, ti siedi dietro accanto a me?

Luca: No, no, mi dispiace, Bianca si siede davanti e noi tre dietro, va
bene?

Lorenzo: D'accordo, Luca, **si sa**[26] che **alla fine**[27] tu sei sempre quello
che **ha l'ultima parola**....[28]

Luca: Per favore, Lorenzo, non cominciamo a litigare davanti a Bianca!

Salgono tutti in macchina.

Christian: (*mettendo un cd*) Bianca, ti piacciono i 'Red Hot Chilli
Peppers?'

Bianca: Oh! Sì, moltissimo, ne vado pazza, sono il mio gruppo
preferito... anche in Italia sono abbastanza famosi....

David: Davvero? Christian, alza il volume, per favore!

*Quando arrivano in pizzeria, trovano Giulia, Erika, Robert ed Emanuel
seduti al tavolo. Ordinano **una pizza a testa**[29] e delle **bibite**.[30] In
pizzeria ci sono tanti altri ragazzi che parlano ad alta voce e ridono
rumorosamente. Bianca parla **di sé**:[31] è **figlia unica**,[32] le piace la
scuola, ama molto la musica rock e suona la chitarra. Nel tempo libero
ama leggere ed uscire con gli amici. È contenta di vivere per qualche
anno a Sydney, ma **le manca**[33] un po' il suo piccolo mondo che ha
lasciato in Italia. Luca e i suoi amici trascorrono una bellissima serata.
Alla fine chiedono il conto, **pagano alla romana**,[34] poi salgono nelle
loro macchine e vanno a casa di Luca. I genitori di Luca sono andati a
cena fuori con dei loro amici.*

---

25 **impacciato**: embarrassed; awkward
26 **si sa**: everyone knows
27 **alla fine**: in the end
28 **ha l'ultima parola**: has the last word
29 **una pizza a testa**: one pizza each
30 **bibite**: soft drinks
31 **di sé**: about herself
32 **figlia unica**: an only child
33 **le manca**: she misses
34 **pagano alla romana**: each pays for oneself / they go Dutch (lit. they pay in the
   Roman way)

CAPITOLO SESTO

Una conversazione interessante

I *ragazzi si siedono in giardino, Luca porta i bicchieri e qualche bottiglia di aranciata. Accende il* **lettore cd**[1] *a basso volume per non disturbare i* **vicini di casa.**[2]

Bianca: Ah! Come si sta bene... è proprio una bella serata, siamo in aprile, praticamente in pieno autunno, ma fa ancora caldo....

Luca: Eh sì! A Sydney **fa sempre bel tempo**,[3] siamo proprio fortunati. Anche in inverno non fa mai molto freddo.

Bianca: Beati voi! In Italia invece in estate fa molto caldo e si soffoca, in inverno fa molto freddo e si congela, soprattutto al nord.

Robert: In inverno nevica molto in Italia?

Bianca: Sì, nel nord dell'Italia nevica abbastanza. Infatti noi andavamo spesso in montagna a sciare, soprattutto durante le vacanze di Natale. I miei hanno una villetta a Pila, in Valle D'Aosta, non è distante da Torino, **ci vogliono solo due ore di macchina.**[4] Non è un posto molto turistico, però c'è una bella discoteca e con i miei amici andavamo a ballare quasi ogni sabato sera.

Christian: A me piace tanto sciare, ma qui non nevica mai. La località di montagna più vicina **si trova a circa otto ore da**[5] Sydney e con la mia famiglia ci andiamo una volta all'anno, durante le vacanze invernali. Però io con i miei genitori **non mi diverto più**,[6] li trovo un po' noiosi, ma **ditemi**,[7] a voi piace ancora andare in vacanza con i vostri 'vecchietti'?[8]

Giulia: A me **proprio per niente**,[9] anzi mi annoio con i miei genitori, non vedo l'ora di essere più indipendente e di andare in vacanza con chi voglio.

Bianca: Ma non è ancora troppo presto? Hai solo diciassette anni. Questo è il tuo ultimo anno di scuola, ma poi cominci l'università e allora....

---

1 **lettore cd**: cd player
2 **i vicini di casa**: neighbors
3 **fa sempre bel tempo**: it's always nice weather
4 **ci vogliono solo due ore di macchina**: it only takes two hours by car
5 **si trova a circa otto ore da**: it is about eight hours away from
6 **non mi diverto più**: I don't enjoy myself anymore
7 **ditemi**: tell me
8 **vecchietti**: old folks / oldies (slang)
9 **proprio per niente**: not at all

Giulia: Io appena finisco la scuola **mi trovo**[10] un lavoro *part-time* e vado a vivere **per conto mio**....[11]

Bianca: Coooosaaaaaaa? Stai scherzando, vero? Non andrai all'università? E i tuoi, saranno d'accordo?

Giulia: **Non ho mica detto**[12] che non andrò all'università. Ci andrò **eccome**,[13] è importante avere una laurea, è già molto difficile oggigiorno trovare lavoro con un adeguato titolo di studio, immagina senza. Farò l'università *part-time*.... Ne ho già parlato con i miei.... Abbiamo deciso che loro mi pagheranno le tasse universitarie ed io mi pagherò tutte le altre spese lavorando *part-time*.

Erika: Io, ragazzi, dite quello che volete, ma a casa con i miei mi trovo benissimo. Sin da quando ero piccola mi hanno responsabilizzata, mi hanno sempre dato molta fiducia e libertà, perciò non sento affatto il desiderio di andare via di casa. Però mi rendo conto di essere quasi un caso isolato.

Bianca: Da questo punto di vista tra l'Italia e l'Australia c'è una differenza **abissale**.[14] In Italia sarebbe impensabile fare una cosa del genere. Con la disoccupazione giovanile che c'è e l'alto costo della vita **a chi verrebbe in mente di**[15] lasciare casa. Noi, **piaccia o non piaccia**,[16] dobbiamo rimanere a casa fino a quando finiamo l'università e troviamo un vero lavoro.... Andare via di casa prima è **fuori discussione**.[17] **Punto e basta**.[18]

Emanuel: Davvero? Anche i ragazzi?

Bianca: Eeeeeh! **Altroché**!!![19] Soprattutto loro... non lascerebbero mai la loro mamma, sono dei veri **mammoni**....[20]

---

10 **mi trovo**: I'll find myself
11 **per conto mio**: on my own
12 **non ho mica detto**: I never said
13 **eccome**: indeed, certainly
14 **abissale**: profound
15 **a chi verrebbe in mente di**: whoever would even consider
16 **piaccia o non piaccia**: (whether we) like it or not
17 **fuori discussione**: out of the question
18 **punto e basta**: that's that / period
19 **altroché**: you bet! / and how!
20 **mammoni**: big "mama's boys"

Emanuel: Che strano![21] Però, secondo me, non è solo per problemi economici che i ragazzi italiani non vanno via di casa. Anche qui, a Sydney, la vita è cara, eppure, beh! Appena possiamo ci rendiamo indipendenti. Penso invece che sia una questione di mentalità, un fatto culturale. La famiglia in Italia è sacra.

Luca: Hai colpito nel segno.[22] Pensate che i miei genitori vivono in Australia da vent'anni, ma hanno ancora la mentalità tipicamente italiana. "Tu, Luca, lascerai questo tetto solo quando ti sposerai!" mi ripete sempre mia madre. **Potete crederci?**[23]

Bianca: Io sì, **ci credo,**[24] perché mia madre mi dice sempre la stessa cosa.

Luca: Bene che vada[25] sono già rassegnato a vivere con loro fino a trent'anni.... Non voglio certo sposarmi prima....

Lorenzo: Non ti ci vedo proprio[26]... sposato e con figli!!! Ah, ah, ah! Scherzi a parte, anche i miei sono di origine italiana, ma sono nati qui e, per fortuna, non la pensano così.

David: I miei nonni sono libanesi, ma **entrambi**[27] i miei genitori sono nati qui e sono un po' più aperti, ma ugualmente non saranno felici se deciderò di andare a vivere per conto mio.

Christian: Io, per dire la verità, non ho tutta questa fretta di andare a vivere **da solo.**[28] È così comodo stare a casa. Chi cucinerebbe e... pulirebbe e... laverebbe e... stirerebbe per me?

Luca: E soprattutto, chi ti darebbe i soldi per comprare tutti i profumi costosissimi e i chili di gel per attirare l'attenzione delle ragazze.... Ah ah ah!

Christian: Eh eh eh! Luca, **non fai ridere per niente.**[29]

---

21 **che strano**: how strange!
22 **hai colpito nel segno**: you hit the nail on the head
23 **potete crederci?**: can you believe it?
24 **ci credo**: I believe it
25 **bene che vada**: at best
26 **non ti ci vedo proprio**: I really can't see you
27 **entrambi**: both
28 **da solo**: by myself
29 **non fai ridere per niente**: you're not funny at all

CAPITOLO SETTIMO

I ragazzi diventano seri: incredibile ma vero!

A questo punto la conversazione diventa più seria.

Giulia: Forse è meglio **cambiare argomento**,[1] altrimenti 'sti due **si mettono a**[2] **litigare come cani e gatti**[3] e **non la smettono più**.[4] Bianca, tu, quando eri in Italia, **facevi dello sport**?[5]

Bianca: Sì, ma non molto, devo ammettere che sono un po' pigra e poi in Italia le scuole non sono così ben organizzate come qui, non abbiamo gli spazi che avete voi. **Al massimo**[6] ci sono delle palestre e dedichiamo alla ginnastica solo poche ore alla settimana.

Erika: Vuoi dire che non fate **i tornei**[7] di **pallacanestro**[8] o di pallavolo o di tennis?

Bianca: Oh sì, certo, ma non a scuola... dobbiamo usare dei centri sportivi privati che, però, sono molto costosi. Il problema principale è che non abbiamo mai abbastanza tempo, abbiamo sempre **un mare**[9] di compiti e ci sono continuamente **interrogazioni**[10] e **prove scritte**.[11]

Christian: Interrogazioni? Cosa sono queste interrogazioni? Scusa eh! Ma andate a scuola o in tribunale?

Bianca: Ma no, Christian, cos' hai capito? Le interrogazioni sono prove orali, l'insegnante ti chiede di andare vicino alla **cattedra**[12] e ti bombarda di domande su un argomento specifico.

Luca: E tu devi rispondere così, **su due piedi**?[13]

Bianca: Eh sì, proprio così, su due piedi, sai **che fifa**[14] ogni volta....

Lorenzo: E cosa succede **se non sei preparato**?[15]

Bianca: Succede che **ti becchi un bel due**[16] che, vi assicuro, **non è**

---

1 **cambiare argomento**: to change the subject
2 **si mettono a**: they start to
3 **litigare come cani e gatti**: to fight like cats and dogs
4 **non la smettono più**: they will never stop it
5 **facevi dello sport**: did you play any sport
6 **al massimo**: at most, at best
7 **i tornei**: tournaments
8 **pallacanestro**: basketball
9 **un mare**: lots of
10 **interrogazioni**: oral exams
11 **prove scritte**: written tests
12 **cattedra**: teacher's desk
13 **su due piedi**: on the spot / on your feet
14 **che fifa**: how scary
15 **se non sei preparato**: if you are not ready / prepared
16 **ti becchi un bel due**: you fail (lit. you get 2 out of 10)

tanto da ridere....[17] Sapeste quante volte, andando a scuola la mattina, pregavo che **non toccasse a me**[18] di essere interrogata. In genere ero abbastanza fortunata. Laura, **la mia compagna di banco**[19] invece era **una sfigata**,[20] ogni volta che non studiava sentiva chiamare il suo nome. E lei **puntualmente**[21] diceva **tra sé e sé**:[22] "Lo sapevo, **la solita sfiga**!"[23] Ed io puntualmente le dicevo: "**In bocca al lupo**"[24] e lei rispondeva con rabbia: "**Che crepi**!"[25]

Luca: Per fortuna noi abbiamo solo prove scritte. **Se fosse così**[26] anche nella nostra scuola, Robert sarebbe lo sfigato, vero Robert?

Robert: Luca, **ti prendi gioco di me**?[27] Guarda che tu **sei stato preso con le mani nel sacco**[28] per primo, quando siamo andati a **srotolare**[29] la carta igienica nei bagni della scuola.... Eravamo in quinta elementare.... Me lo ricordo come se fosse successo ieri. Quindi, se qui c'è uno sfigato, quello sei proprio tu, non io.

Luca: Ah sì? E chi hanno accusato, quando qualcuno **ha lanciato**[30] la buccia di banana nel **ventilatore attaccato al soffitto**?[31]

Robert: Hanno accusato me, ma non sono stato io e tu lo sai benissimo....

Luca: Lo so che non sei stato tu... sono stato io... ma chissà perché nessuno ha accusato me.... La verità è che io, **modestamente**,[32] dò sempre l'impressione del ragazzo serio, furbo, intelligente che non farebbe mai... **cretinate del genere**.[33]

Lorenzo: Oh! Hai dimenticato di dire che sei anche molto modesto...

---

17 **non è tanto da ridere**: it's not so funny / it's no joke / it's nothing to laugh at
18 **non toccasse a me**: it wouldn't be my turn
19 **la mia compagna di banco**: the girl sitting next to me
20 **una sfigata**: a very unlucky one; a jinxed person
21 **puntualmente**: regularly
22 **tra sé e sé**: to herself
23 **la solita sfiga**: the usual bad luck
24 **in bocca al lupo**: good luck (lit. in the wolf's mouth)
25 **che crepi**: I hope it (the wolf) drops dead
26 **se fosse così**: if it were like that
27 **ti prendi gioco di me**: are you making fun of me
28 **sei stato preso con le mani nel sacco**: you got caught red-handed
29 **srotolare**: to unroll
30 **ha lanciato**: threw
31 **ventilatore attaccato al soffitto**: ceiling fan
32 **modestamente**: in all modesty
33 **cretinate del genere**: stupid things like that

ma dai, con quella faccia che hai... e poi con quei capelli così lunghi e neri e **secco**[34] come sei, sembri proprio uno **spaventapasseri**....[35]

Luca: Senti chi parla... tu, **se non ti fai la barba**[36] per un giorno, sembri un morto di fame....

Erika: Per favore... **la volete smettere**?[37] Voi maschi siete impossibili! Non possiamo mai fare una conversazione seria! Uffa! **Non ce la faccio più**![38] La prossima volta usciamo solo noi ragazze.

Emanuel: Così passerete il tempo a parlare di noi ragazzi e a sognare **il Principe Azzurro**....[39]

Giulia: Emanuel, da te una cosa del genere proprio non me l'aspettavo.... Davvero pensi che noi ragazze siamo così stupide e superficiali?

Erika: Emanuel, per favore, **non dire cavolate**![40]

Christian: Ehi, ragazze, **non ve la prendete**...[41] Emanuel stava scherzando, vero Emanuel?

Emanuel: Naturalmente.... Non avevo alcuna intenzione di offendervi.... Credetemi! Va be', lo ammetto... ho detto una cavolata.

Erika: **Meno male**,[42] perché **stavo già per alzarmi**[43] ed andare via da questa casa.

Bianca: Sentite, ragazzi, perché non **andiamo a fare quattro passi**?[44] La pizza era buona, ma... ne ho mangiata troppa e mi sento un po' pesante.

Erika: Sì, sì, ottima idea... **ci farà bene**...[45] **facciamo un salto**[46] al parco qui vicino.

David: Io farei più volentieri un salto in discoteca, ma... so già la risposta... quindi... come non detto....

---

34 **secco**: skinny
35 **uno spaventapasseri**: a scarecrow
36 **se non ti fai la barba**: if you don't shave
37 **la volete smettere**: can you stop it
38 **non ce la faccio più**: I can't take it any longer
39 **Principe Azzurro**: Prince Charming
40 **non dire cavolate!**: don't talk rubbish!
41 **non ve la prendete**: don't let it get to you
42 **meno male**: thank goodness
43 **stavo già per alzarmi**: I was about to get up
44 **andiamo a fare quattro passi**: let's take a short walk
45 **ci farà bene**: it will do us good
46 **facciamo un salto**: let's head over to

CAPITOLO OTTAVO

Una proposta 'originale:' di che si tratta?

*I ragazzi si sono seduti su una panchina nel bellissimo parco **che dà su**[1] una piccola baia, una delle tante che rendono Sydney una delle città più belle e suggestive del mondo.*

Bianca: Ragazzi, siete un po' **casinisti**[2] eh? In compenso siete tutti molto simpatici, divertenti, intelligenti e....

Luca: Uh! Come sei gentile... ma non esagerare, **se no**[3] **ci montiamo la testa**....[4]

Bianca: No, Luca, per favore, **fammi parlare**...[5] mi è venuta un'idea bellissima! Ascoltate! Come sapete, io sono nuova di Sydney e sono curiosa di imparare un sacco di cose di voi, soprattutto mi interessano le vostre opinioni su argomenti importanti e che **ci toccano da vicino**[6] come amicizia, vacanze, viaggi, studi, rapporti con i genitori, lavoro, soldi, eccetera. Bene, perché non formiamo un... come posso dire... un 'club,' con lo scopo d'incontrarci regolarmente per parlare di argomenti specifici. Ci possiamo incontrare una volta al mese, che so, una volta a casa mia, una volta a casa di Robert, insomma, **facciamo a turno**.[7]

Giulia: Bianca, che bell'idea! **Io ci sto**[8] e voi ragazzi?

Erika: Anch'io ci sto... Bianca, sei un genio.... Perché non diamo un nome al nostro gruppo? Siamo nove, vero? Cosa ne dite di '*I Magnifici Nove*?'

Emanuel: Erika, sei fantastica!

Tutti gli altri, all'unanimità, sono d'accordo.

Luca: Sì sì, è importante comunicare... parlare dei nostri problemi....

Lorenzo: Ci sentiremo più uniti....

Robert: Ci aiuteremo **a vicenda**....[9]

Emanuel: Ci conosceremo meglio....

---

1 **che dà su**: which overlooks
2 **casinisti**: rowdy
3 **se no**: otherwise
4 **ci montiamo la testa**: we'll get big heads / swollen heads
5 **fammi parlare**: let me talk
6 **ci toccano da vicino**: are close to us / that touch us
7 **facciamo a turno**: we'll take turns
8 **io ci sto**: I'm for it
9 **a vicenda**: each other

David: Ci consiglieremo a vicenda....

Christian: Ci diremo tutto quello che pensiamo senza giudicare mai.

Bianca: Benissimo, vedo che siete tutti d'accordo. Qual è il giorno migliore per incontrarci?

Erika: Per me è il venerdì pomeriggio.

Luca: Io il venerdì ho **l'allenamento di calcio**,[10] ma posso chiedere al mio allenatore di cambiare giorno, non è un problema.

Christian: Per me va bene, il venerdì sono libero.

David: Anche per me va benissimo, il venerdì è l'unico giorno che i miei mi lasciano libero di fare quello che voglio.

Emanuel: Anche per me è il mio pomeriggio libero.

Lorenzo: **Ogni due venerdì**[11] devo tagliare l'erba in giardino, ma posso tagliarla il giovedì o il sabato, non è un problema neanche per me.

Robert: **Di solito**[12] il venerdì pomeriggio vado a dare una mano a mio padre nel suo ufficio. **Vuol dire**[13] che un venerdì al mese mio padre **deve fare a meno di me**.[14]

Lorenzo: Tu Bianca farai da moderatrice. Siete tutti d'accordo?

Tutti: Sìiiiiiiiiiii!

Erika: Nessuno potrebbe farlo meglio di Bianca!

Bianca: Grazie per questa... autorità! Allora, deciso, cominciamo venerdì prossimo, 18 aprile. Possiamo incontrarci a casa mia perché i miei genitori saranno via tutto il pomeriggio, va bene? Ah! Un'ultima cosa... il primo argomento sarà: "Cosa significa per noi l'amicizia."
Pensiamoci su[15] durante i prossimi giorni. Non vedo l'ora di cominciare....

Emanuel: Per me l'amicizia è....

---

10 **l'allenamento di calcio**: soccer training
11 **ogni due venerdì**: every second Friday
12 **di solito**: usually
13 **vuol dire**: it means
14 **deve fare a meno di me**: he has to do without me
15 **pensiamoci su**: let's think about it

Luca: Emanuel, ne parliamo la prossima settimana, adesso è tardi...
andiamo a dormire... **non mi reggo più in piedi**[16] dal sonno....
È mezzanotte passata....

---

16 **non mi reggo più in piedi**: I can't stay on my feet any longer

CAPITOLO NONO

Primo incontro a casa di Bianca

Bianca *invita i ragazzi ad accomodarsi nel salotto di casa sua. L'ambiente è caldo ed invitante: sui divani ci sono dei grandi cuscini coloratissimi e su un tavolino **fanno bella mostra**[1] alcune fotografie di Bianca e dei suoi genitori.*

Prima parte

Bianca: Allora, ragazzi, che dite, riusciremo a parlare seriamente per la prossima mezz'ora?

David: Vedrai Bianca, ti shoccheremoooo! Noi sappiamo quando è il momento di essere seri, vero ragazzi?

Lorenzo: Mah... io, conoscendovi... non ne sarei troppo sicuro.... Se ho capito bene dobbiamo **fare finta**[2] di essere a scuola?

Bianca: Hai capito benissimo.... Comunque, noi ci proviamo... poi se non funziona **possiamo mandare tutto all'aria**.[3] Nessuno ci obbliga, giusto? Allora, come avevamo già deciso, il tema di oggi è "Cosa significa per noi l'amicizia e se è possibile l'amicizia con i genitori?" Ci avete riflettuto un po' su?

Emanuel: Per me l'amicizia è molto importante, come potrei vivere senza dei casinisti come voi... a parte gli scherzi, io, quando sono con voi, **mi sento bene**[4]... **mi sento più sicuro**,[5] sarà perché fondamentalmente sono un po' insicuro. Mi piace **poter contare su**[6] qualcuno, quando ne ho bisogno....

David: Però non tutti quelli che dicono di essere tuoi amici sono amici veri.... Gli amici veri sono molto rari....

Bianca: Conoscete il proverbio: "Chi trova un amico trova un tesoro?"

Luca: Sì, perciò gli amici veri sono preziosi. Se non avessi gli amici, non so con chi potrei parlare dei miei problemi. Certamente non con i miei. Anche se sono abbastanza giovani, con loro proprio non riesco ad aprirmi!

---

1 **fanno bella mostra**: there is a nice display
2 **fare finta**: to pretend
3 **possiamo mandare tutto all'aria**: we can forget all about it
4 **mi sento bene**: I feel good
5 **mi sento più sicuro**: I feel more confident
6 **poter contare su**: to be able to count on

Robert: Neanch'io, quando c'ho provato hanno cominciato con delle prediche che non finivano mai.... Le ho imparate a memoria le parole di mio padre: "Io, quando avevo la tua età..." oppure "Ascolta me, che **ho qualche capello grigio**."[7] **Non si mette mai nei miei panni**....[8]

Christian: Ah sì, anche tuo padre viene fuori con la storia dei capelli bianchi, della saggezza dell'età eccetera eccetera? Ma allora è una malattia.... Quando parlano così ti fanno sentire un bambino. La scusa è che ti vogliono evitare di fare errori. Ma sbagliando s'impara, no? Qualche volta 'rompersi la testa' ti fa crescere e maturare più di mille prediche....

David: A casa mia spesso litighiamo per delle banalità. L'altra sera, tanto per fare un esempio, mia madre **ha piantato una grana**[9] solo perché dovevano venire degli amici a cena ed io avevo messo questi jeans bucati. Urlava: "Perché ho un figlio così trasgressivo"....

Luca: Che consolazione! Non mi dici niente di nuovo! I miei genitori sono ossessionati dalle apparenze. Ma io, più mi dicono che non mi devo vestire in un certo modo, più lo faccio. Non mi possono mettere **la camicia di forza**,[10] **figuratevi**[11] se parlo con loro.... Cercano il dialogo con me, ma lo fanno nel modo sbagliato.

Bianca: Pensavo che tuo padre fosse più democratico?

Luca: Non dico che non è democratico, sarei ingiusto.... Ogni tanto **mi prende da parte**[12] e mi dice: "Parliamo da uomo a uomo." **A me viene da ridere**,[13] perché lo trovo un po' buffo quando **si sforza**[14] di trovare le parole giuste. È chiaro che fa di tutto per guadagnare la mia amicizia. E allora comincia con la storia che io mi dovrei aprire con lui, che lui mi può capire... perché anche lui è stato ragazzo... che attraverso me rivive quel periodo della sua vita, che gli sembra di ritornare giovane... e bla bla bla.

---

7 **ho qualche capello grigio**: I've got some gray hair / I'm older than you
8 **non si mette mai nei miei panni**: he never puts himself in my shoes
9 **ha piantato una grana**: she started an argument
10 **la camicia di forza**: straitjacket
11 **figuratevi**: can you imagine
12 **mi prende da parte**: he takes me aside
13 **a me viene da ridere**: I feel like laughing
14 **si sforza**: he tries very hard

Emanuel: In genere i padri sono più calmi, anche perché, diciamo la verità, non trascorrono molto tempo con noi. Per le mamme è diverso, sono loro che **si accollano**[15] la responsabilità maggiore dei figli. Mia madre non fa altro che cucinare, lavare, fare la spesa, stirare, pulire la casa, portare i miei tre fratellini alla lezione di piano, agli allenamenti vari, controllare i compiti. Non si ferma mai....

Bianca: Ah! Perciò è così magra, la tua mamma. Ci pensate voi figli a tenerla **in forma**....[16] Ragazzi, che dite, facciamo una piccola pausa? Dai, ricominciamo tra mezz'ora. In garage c'è il tavolo da ping pong, vediamo chi è il più bravo?

---

15 **si accollano**: they take upon themselves
16 **in forma**: in shape

Seconda Parte

Ritornando in casa un po' sudati e affaticati....

Robert: Non voglio più giocare con te, Lorenzo, hai una **fortuna sfacciata**,[17] vinci sempre tu....

Lorenzo: Ma che fortuna e fortuna... è colpa mia se non sai giocare per niente, sei proprio una frana... se vuoi **lanciare**[18] la pallina a sinistra, la mandi completamente a destra.... Ah ah ah....

Robert: Se tu sei un amico... chi ha bisogno di amici....

Bianca: E meno male che stiamo dicendo tutte queste belle cose sull'amicizia.... Allora, torniamo a noi... Giulia, prima della pausa volevi dire qualcosa, vero? **Forza!**[19] Dicci tutto! **Siamo tutt'orecchi.**[20]

Giulia: No, niente... volevo dire che... beh! Mi sento una specie di mosca bianca....

Bianca: E perché? Cosa ti fà pensare di essere una mosca bianca....

Giulia: State tutti dicendo che non parlate con i vostri... io invece sì, parlo tantissimo sia con mio padre che con mia madre. Con mio padre ovviamente non parlo di tutto... beh! Certamente non gli parlo di cose troppo... intime... personali... con mia madre invece... credetemi, quando siamo insieme, non smetteremmo mai di parlare. È la mia migliore amica. So che di lei posso fidarmi al cento per cento, perciò quando ho bisogno di un consiglio, **mi rivolgo a lei**.[21] Sapete... un paio di anni fa **mi sono presa una di quelle fregature**[22] che non dimenticherò per tutta la vita.

Emanuel: Addirittura? Cosa può essere successo di così grave?

Giulia: Una ragazza che conoscete anche voi, ma di cui non vi dico il nome, mi ha dato **una pugnalata alle spalle**.[23]

Erika: Ehhh! Che parolone, e che t'ha fatto di così cattivo?

---

17 **fortuna sfacciata**: amazing luck
18 **lanciare**: to throw
19 **forza!**: come on!
20 **siamo tutt'orecchi**: we're all ears
21 **mi rivolgo a lei**: I turn to her
22 **mi sono presa una di quelle fregature**: I was really let down / I had one of those experiences
23 **una pugnalata alle spalle**: a stab in the back

Giulia: Ve lo ricordate Max, bruno, occhi verdi... ha finito la scuola l'anno scorso....

Erika: Eccome se me lo ricordo... che **'figo'**....![24] Tutte le ragazze **cascavano ai suoi piedi**[25] come pere mature. Capelli neri, occhi grigio-verdi.... Tipo Tom Cruise, tanto per dare un'idea....

Giulia: Beh, mi vergogno di dirlo ma anch'io avevo perso la testa, **mi ero presa una cotta per lui**[26] tremenda.... Mi sono confidata con quella ragazza che io consideravo un'amica e lei, indovinate cos' ha fatto? Beh! È andata a dirglielo.

Bianca: Bell'amica eh?

Giulia: Quando mi ricordo questa storia **mi prende un nervoso**....[27] Ero così imbarazzata quando incontravo Max che diventavo tutta rossa. Volevo **sprofondare**.[28] Ecco perché sono diventata così diffidente.

Erika: Scusa, io capisco la tua delusione, ma non puoi generalizzare solo per una stupida come quella.

Giulia: Hai ragione, ma **ci vuole tempo**[29] **per guarire**[30] da un colpo del genere.

Christian: Io **mai e poi mai**[31] potrei tradire la fiducia di un amico, **mi sentirei un verme**,[32] non mi vorrei guardare allo specchio il giorno dopo.

Lorenzo: **Ci va**[33] coraggio eh? Beh! Tra noi **ce le diciamo di tutti i colori**,[34] spesso litighiamo persino, però siamo sempre molto sinceri e diciamo esattamente quello che pensiamo.

David: Questa è la cosa bella dell'amicizia. Con gli amici possiamo essere quello che veramente siamo, essere noi stessi... non dobbiamo nasconderci dietro una maschera....

---

24 **figo**: gorgeous / hot (slang)
25 **cascavano ai suoi piedi**: were falling at his feet
26 **mi ero presa una cotta per lui**: I had a crush on him
27 **mi prende un nervoso**: it really gets to me
28 **sprofondare**: to sink into a hole
29 **ci vuole tempo**: it takes time
30 **per guarire**: to recover / to heal
31 **mai e poi mai**: never / ever
32 **mi sentirei un verme**: I'd feel awful / I'd feel like a worm
33 **ci va**: it takes
34 **ce le diciamo di tutti i colori**: we tell each other all sorts of things

Bianca: Io in Italia ho lasciato **le mie amiche del cuore**,[35] separarmi da loro è stato molto difficile. Infatti, **mi mancano**[36] moltissimo. Ci conosciamo fin dai tempi dell'asilo.... Ho qui il bigliettino che mi hanno dato il giorno prima di partire. Ve lo leggo, ascoltate: "Cara Amica (**con la A maiuscola**...[37]), la distanza non sarà mai una barriera, la nostra amicizia è così solida da superare gli oceani e i continenti. Ventimila chilometri ci separano, ma **chi se ne importa**![38] Saremo sempre insieme con il cuore e con la mente. **Ti vogliamo un casino di bene.**[39] Torna presto! Patrizia e Federica." Ci scambiamo email tutti i giorni.

Erika: Bianca, eccoti un **fazzolettino**,[40] **ti sei emozionata**....[41]

Bianca: Scusatemi, sono proprio una scema.

Emanuel: **Non c'è niente di male**[42] a piangere. **A volte fa bene**....[43] Ma qui ci siamo noi.... **Non ti basta la nostra amicizia?**[44]

Bianca: Lo so, lo so che sono molto fortunata! Da quando ho conosciuto voi **non mi sento più tanto sola.**[45]

Lorenzo: **Dicci**[46] una cosa Bianca, le tue amiche italiane sono carine come te?

Luca: Lorenzo, lo sapevo che dovevi venire fuori con una cretinata.

David: **Sei il solito buffone**....[47] **Il lupo perde il pelo ma non il vizio.**[48] Lo conosci questo proverbio? Bene, **ti sta a pennello**!!![49]

Lorenzo: Eeee maaammaaa miaaaaaa! Dicevo così... per sdrammatizzare....

Bianca: Le mie amiche sono bellissime, molto più belle di me....

Lorenzo: Davverooo? Sono delle miss mondo allora....

---

35 **le mie amiche del cuore**: my true friends / my best friends
36 **mi mancano**: I miss them
37 **con la A maiuscola**: with a capital A (a real friend)
38 **chi se ne importa**: who cares
39 **ti vogliamo un casino di bene**: we love you a lot
40 **fazzolettino**: hankerchief
41 **ti sei emozionata**: you are moved / touched
42 **non c'è niente di male**: there is nothing wrong with
43 **a volte fa bene**: at times it does you good
44 **non ti basta la nostra amicizia?**: isn't our friendship enough?
45 **non mi sento più tanto sola**: I don't feel so alone any more
46 **dicci**: tell us!
47 **sei il solito buffone**: you are the usual clown
48 **il lupo perde il pelo ma non il vizio**: the leopard doesn't change its spots
49 **ti sta a pennello**: it fits you perfectly / it fits you to a T

Bianca: Sìii... più o meno... ma... c'è un... piccolo problema, Lorenzo... alle mie amiche purtroppo non piacciono... i ragazzi australiani, hm hm hm!

Lorenzo: Non sanno cosa si perdono... hm hm hm!

Bianca: Che presuntuoso! Ragazzi, penso che come primo incontro **ce la siamo cavata**[50] abbastanza bene. **Ci meritiamo**[51] un bel gelato. Nel *freezer* ci dovrebbe essere dell'ottimo sorbetto al limone. **Vi va**?[52]

Lorenzo: Come si può dire no ad un sorbetto. Ma... Bianca, quando andremo in Italia... me le farai conoscere... le tue amiche? Quando mi conosceranno cambieranno idea... sui ragazzi australiani....

---

50 **ce la siamo cavata**: we managed
51 **ci meritiamo**: we deserve
52 **vi va**: do you feel like it

CAPITOLO DECIMO

Profumi e... motori

David *va con la sua macchina a prendere Luca, Giulia e Bianca.* **Per ultimo**[1] *prendono Christian, visto che lui è sempre in ritardo. Poi vanno tutti a casa di Robert.*

Quando Christian entra in macchina, un profumo asfissiante **fa tossire tutti quanti**.[2]

Luca: Mamma mia, Christian, quanto profumo hai messo oggi!!! Per favore David, abbassa il finestrino altrimenti sto male. Anzi **sto già per svenire**....[3]

Giulia: Christian, scusa se te lo dico, ma **sei proprio esagerato**![4] **Non è giusto**[5] costringere tutti noi a respirare il tuo profumo! È una vera tortura!

Christian: Scusate, mi dispiace! È che... ho avuto un piccolo incidente. Si è rotta la bottiglietta e il profumo mi è caduto tutto addosso. Chissà **quanto casino farà**[6] mio padre, quando se ne accorgerà. Non solo **è costato un occhio della testa**,[7] ma era anche il suo profumo preferito....

Luca: **Ma a chi vuoi darla a bere**[8] confessa che ti copri di profumo perché non ti lavi abbastanza, eh eh eh!

Christian: Non te l'ha mai detto nessuno che, quando ridi, sembri proprio **un kookaburra**[9] che ha preso il raffreddore?

Giulia: Per favore, adesso basta! Ho mal di testa, **smettetela**![10] Per fortuna siamo già arrivati. Non ne posso più di questo dannato profumo e dei vostri litigi.

---

1 **per ultimo**: last
2 **fa tossire tutti quanti**: makes them all cough
3 **sto già per svenire**: I'm just about ready to faint
4 **sei proprio esagerato**: you are too much / you go too far
5 **non è giusto**: it is not fair
6 **quanto casino farà**: how angry he will get
7 **è costato un occhio della testa**: it cost an arm and a leg
8 **a chi vuoi darla a bere**: who is going to swallow that
9 **kookaburra**: Australian bird with a loud raucous call
10 **smettetela**: (you/pl) stop it

*Arrivano a casa di Robert, David **suona il clacson**[11] insistentemente **tanto da**[12] sembrare una sirena dei pompieri. Robert apre prontamente la porta e chiede ai suoi amici di non fare troppo rumore per non disturbare la quiete pubblica.*

Robert: David, ma **che razza di esibizionista**[13] sei? Questo è un quartiere tranquillo, i vicini sono quasi tutti anziani, non fare tutto questo **baccano**.[14] Lo sappiamo tutti che il tuo **paparino**[15] ti ha regalato una macchina bellissima e potente.

David: **La tua è tutta invidia**,[16] con quel **cartoccio**[17] che hai....

Robert: Eh! **Cosa vuoi che dica**,[18] **mica tutti**[19] **sono figli di papà**[20] come te, io, però, sono orgoglioso della mia macchina: ha ventidue anni, i finestrini non vanno giù, **i tergicristalli**[21] non funzionano e quando piove mi devo fermare perché non vedo niente; per metterla in moto devo tenere il piede **schiacciato**[22] sull'acceleratore per qualche minuto... poi per il resto è perfetta....

David risale nella sua macchina e accende la radio ad altissimo volume.

David: Robert, ascolta il mio stereo, **che te ne pare**?[23] È una bomba, vero?

Robert: **Accidenti!**[24] I vicini chiameranno la polizia, dai, ti prego, **mi metterai nei guai**....[25]

David: Calmati! Calmati! Ma com'è che sei così agitato? Perché non sali un attimo e **fai il giro dell'isolato**?[26] Eccoti le chiavi, guida tu! Sentirai che emozione....

---

11 **suona il clacson**: beeps the horn
12 **tanto da**: so much so
13 **che razza di esibizionista**: what kind of show off
14 **baccano**: racket (noise)
15 **paparino**: daddy
16 **la tua è tutta invidia**: you're just envious / jealous
17 **cartoccio**: very old car / wreck
18 **cosa vuoi che dica**: what can I say
19 **mica tutti**: not everybody
20 **sono figli di papà**: have a rich father
21 **i tergicristalli**: windshield wipers
22 **schiacciato**: pressed
23 **che te ne pare**: what do you think of it
24 **accidenti!**: for heaven's sake!
25 **mi metterai nei guai**: you'll get me into trouble
26 **fai il giro dell'isolato**: you go around the block

Robert: Ma che testardo che sei.... È proprio vero che quelli del segno del leone come te sanno sempre quello che vogliono. *Okay*, la provo la tua 'macchinuccia,' ma faccio solo un giro, fra qualche minuto i ragazzi saranno tutti qui. Non ho neanche tirato le bibite fuori dal frigo....

David esce dalla macchina e fa entrare Robert al posto di guida. Robert sente un profumo forte che quasi lo fa svenire....

Robert: Puah!... cos'è 'sta puzza,' **avete dato un passaggio**[27] a Christian, **per caso?**[28]

David: Certo che sei proprio una frana! Ma ti rendi conto che sei appena entrato in un vero e proprio '**bolide**'[29] e ti preoccupi del dannato profumo che ha lasciato Christian. Certo che l'ha lasciato lui... **chi altri?**[30] Dai, pensa a guidare adesso! Schiaccia il pedale, che aspetti, sentirai il **ruggito**[31] di questo motore....

---

27 **avete dato un passaggio**: did you give a lift
28 **per caso**: by any chance
29 **bolide**: fast car
30 **chi altri?**: who else?
31 **ruggito**: roar

CAPITOLO UNDICESIMO

È davvero così difficile comunicare con i genitori?

Il tema di oggi è molto delicato. Molti giovani vivono problemi **legati**[1] all'adolescenza di cui spesso è difficile parlare. Il gruppo di amici arriva a casa di Luca. La mamma di Luca è sempre molto entusiasta quando a casa vengono i ragazzi e quindi li invita ad entrare. Da tipica mamma italiana, chiede subito se vogliono qualcosa da mangiare.

Lorenzo: Oh no! Non si disturbi, signora... non abbiamo fame....

Emanuel: Lorenzo, per favore, parla per te! Veramente io avrei un po' di fame... magari sono **maleducato,**[2] ma... insomma... **metterei** volentieri **qualcosa sotto i denti**....[3]

Mamma: Andate in giardino, ragazzi, vi porto subito qualcosa da mangiare.

Emanuel: (*sottovoce*) Meno male, **ho una fame da lupo**....[4]

David: A dire il vero, anch'io **non ci vedo dalla fame**.[5]

Mamma: (*ritornando con un vassoio pieno di focaccine*) Ecco a voi. Stamattina ho fatto la focaccia con pomodori e mozzarella. Sono sicura che vi piacerà....

Christian: Di sicuro, signora, con la fame che abbiamo....

Mamma: Luca, c'è dell'aranciata in frigo, prendila, per favore!

Luca: Veramente i miei amici preferirebbero della birra... ah ah ah!

Mamma: Ah no! Siete ancora troppo giovani, avrete tempo per la birra....

Luca: Eh sì! Siamo sempre troppo giovani per voi genitori!!! Quando comincerete a considerarci 'grandi?'

Mamma: Non avere fretta di diventare 'grande,' Luca. Ricorda che questo è uno dei periodi più belli della tua vita....

Luca: Ah sì? E perché? Questo è quello che pensi tu. Cosa ne sai tu dei problemi che abbiamo noi?

Mamma: È colpa tua, Luca, sei tu che non vuoi mai parlare dei tuoi problemi. **Ogni qualvolta**[6] ti chiedo qualcosa, mi rispondi con monosillabi o non mi rispondi affatto....

Luca: Mamma, tu dici che vuoi un dialogo, ma poi quando ti dico qualcosa, tu mi giudichi sempre... e vuoi **darmi** subito **una lezione**.[7]

---

1 **legati**: related
2 **maleducato**: rude
3 **metterei qualcosa sotto i denti**: I'd have a bite to eat
4 **ho una fame da lupo**: I'm starved, I could eat a horse
5 **non ci vedo dalla fame**: I'm faint from hunger (lit. I'm so hungry that I can't see)
6 **ogni qualvolta**: every time
7 **darmi una lezione**: to give me a lecture

A volte **mi prendi in giro**,[8] oppure riferisci a papà le mie cose....

Mamma: Mi dispiace che tu abbia avuto questa impressione, ma ti assicuro che non è vero, io non ho mai pensato di prenderti in giro....

Emanuel: Luca, tua madre ha ragione, lei è così paziente e vuole dialogare con te... posso prendere un altro pezzo di focaccia? È buonissima!!!

Mamma: Certamente, Emanuel! **Serviti da solo**![9]

Robert: Quanto mangi Emanuel! E sei così magro... che fortuna!

Emanuel: Sei invidioso eh?

David: Anche i miei genitori si lamentano di non riuscire ad avere un dialogo con me. La verità è che voi adulti siete convinti che la vita per noi è facile. Avete dimenticato i problemi adolescenziali.

Mamma: No, non è vero, anch'io sono stata adolescente e non tantissimo tempo fa. So bene che non è facile 'crescere.' Neanch'io trovavo facile parlare con i miei genitori. Devo però dire che i miei erano molto severi e meno aperti ad ascoltare i nostri problemi. Erano un po' **all'antica**....[10] I tempi erano diversi. Alcuni argomenti erano tabù, ma io non credo che oggi sia così. Siete voi giovani che create una barriera e pensate che i vostri genitori siano ostili e non possano capire.

David: Mia madre **ha rinunciato**[11] ad avere un dialogo con me. Mi dice che quando avrò voglia di parlare con lei, sarà sempre pronta ad ascoltarmi, ma non prenderà mai più l'iniziativa di farmi delle domande. È stufa di sentire risposte come "Sì, va tutto bene!" o "No!" o "Non so!" o "Lasciami in pace!" o "Adesso non ho voglia di parlare!"

Mamma: **Come la capisco**[12] tua madre.... È esattamente quello che succede con Luca.... Ma ragazzi, come fate a non capire quanto sia frustrante per noi genitori non riuscire a dialogare con i figli....

Christian: Anch'io qualche volta mi sento giudicato negativamente. **Per non parlare**[13] dei miei nonni, che vivono con noi ed io gli voglio un sacco di bene. **Ci si mettono anche loro**[14]... e sono lì che mi ricordano

---

8 **mi prendi in giro**: you make a fool of me
9 **serviti da solo**: help yourself
10 **all'antica**: old fashioned
11 **ha rinunciato**: has given up
12 **come la capisco**: how I understand her / I can sympathize with her
13 **per non parlare**: not even to mention
14 **ci si mettono anche loro**: even they join in

continuamente che la nostra generazione è privilegiata e che noi non sappiamo cos'è la fame, il freddo, la povertà e soprattutto che non conosciamo la guerra. Siamo 'super protetti,' **coccolati,**[15] **'viziati,'**[16] Siamo nati in un'epoca 'fortunata,' insomma, 'abbiamo tutto.'

Mamma: Il problema è che per garantire a voi 'tutto'... per non farvi mancare niente... nella maggior parte delle famiglie, come per esempio nella mia... oggigiorno entrambi i genitori devono lavorare, ma questa scelta è **un'arma a doppio taglio**[17] perché c'è sempre meno tempo per comunicare. Poi... forse noi genitori dovremmo avere più pazienza ed aspettare il momento in cui voi siete **più disponibili**[18] a parlare e non quando noi abbiamo tempo. Sì, questo è vero, purtroppo. Però è anche vero che **qualunque cosa**[19] noi genitori diciamo, voi dovete **contestare,**[20] a volte **per il gusto di**[21] contestare... insomma... **non potete fare a meno**[22] di **mettervi contro di noi.**[23] Ricordate che noi non siamo vostri nemici, **anzi....**[24]

Luca: Mamma, adesso non venire fuori con la storia dell'amicizia, che voi genitori volete essere amici dei vostri figli eccetera eccetera. L'amicizia tra genitori e figli non è possibile! È utopia pura! **Mettitelo in testa.**[25] Voi fate i genitori, che è già molto difficile, **lasciate che**[26] gli amici li scegliamo noi, tra i nostri coetanei....

Mamma: Ah! L'hai detto.... Che mestiere difficile, quello dei genitori....

Lorenzo: Accidenti Emanuel, hai finito tutta la focaccia.... Ma hai il **verme solitario**[27] per caso?

---

15 **coccolati**: pampered
16 **viziati**: spoiled
17 **un'arma a doppio taglio**: a two-edged sword
18 **più disponibili**: more ready / willing
19 **qualunque cosa**: whatever
20 **contestare**: to question / to challenge
21 **per il gusto di**: for the sake of
22 **non potete fare a meno**: you can't help
23 **mettervi contro di noi**: to be against us / to set yourselves against us
24 **anzi**: quite the opposite
25 **mettitelo in testa**: get it into your head
26 **lasciate che**: let
27 **verme solitario**: tapeworm

CAPITOLO DODICESIMO

L'infame cellulare

Luca è tornato a casa da scuola. Fa cadere la sua pesante cartella sul pavimento nell'ingresso, facendo un **fracasso**[1] terribile. Saluta la mamma e va **di corsa**[2] in camera sua a cambiarsi e poi in bagno a lavarsi le mani.

*Driiin... driiin.... Squilla il cellulare. È Lorenzo. Luca parla per circa dieci minuti, poi scende in cucina per la merenda e... driiin... driiin... il cellulare squilla una seconda volta. È Robert. Luca sale in camera sua e vi rimane per cinque minuti. Scende di nuovo in cucina. La merenda è pronta. La mamma ha spalmato della Nutella su del pane fresco e ha versato del succo di frutta in un bicchiere. Luca mangia il primo boccone e... driiin... driiin... il cellulare squilla di nuovo. Questa volta è David. Luca sparisce per almeno altri dieci minuti. Finalmente ritorna giù e... bip... bip.... Per fortuna è solo un messaggio. È da parte di Giulia. La mamma sente il tic tic tic sulla **tastiera**[3] del cellulare di Luca che sta rispondendo al messaggio di Giulia.... La mamma comincia ad essere impaziente....*

Mamma: Ma posso sapere cosa diamine avete da dirvi dopo un'intera giornata a scuola.... Vi siete appena salutati.... Ma che esagerazione!

Luca: Mamma, per favore, non cominciare.... Abbiamo delle cose molto importanti da dire e....

Mamma: E... ovviamente sono così importanti che non possono aspettare fino a domani mattina....

Luca: Certo che no. Sono cose urgenti, ma tu non puoi capire... quindi **mi risparmio**[4] lo sforzo di spiegare....

Mamma: Guarda che a me non interessa assolutamente sapere di cosa parlate... però la mia modesta opinione è che trascorri **un sacco di tempo**[5] al telefono e che potresti dedicare allo studio.

Luca: Lo sapevo che **avresti finito con il dire questo**.[6] Mamma, è possibile che per te esista solo lo studio? E... la vita sociale?

Mamma: Non è vero che per me esista solo lo studio. Diciamo che quest'anno lo studio è più importante che negli anni precedenti. Ti rendi

---

1 **fracasso**: noise / racket
2 **di corsa**: in a hurry
3 **tastiera**: keypad
4 **mi risparmio**: I'll save myself
5 **un sacco di tempo**: a lot of time
6 **avresti finito con il dire questo**: you would end up saying that

conto che devi fare gli **esami di maturità**?[7] Se prendi un voto basso non potrai accedere all'università, o, **per lo meno,**[8] non nel corso che vorresti fare tu....

Luca: Senti, mamma, non cambiamo argomento, ritorniamo al telefonino! Si può sapere perché **ti dà tanto fastidio,**[9] quando parlo al telefonino?

Mamma: Luca, te l'ho già spiegato mille volte... tu e i tuoi amici sembrate persi senza 'sto benedetto telefonino... e poi... ancora non sappiamo se ci sono degli effetti negativi sulla salute, alcuni scienziati pensano che... sì... tutte quelle radiazioni... possano anche causare il cancro. Insomma, **se fossi in te**[10] **mi guarderei bene dall'usarlo**[11] così tanto....

Luca: Uffa, mamma! Sei fissata! **Vivi e lascia vivere,**[12] per favore....

*L'infame cellulare squilla per **l'ennesima volta**.*[13]

driiin... driiin... driiin....

Luca: Pronto, Christian, che vuoi?

Christian: Uh, che voce arrabbiata! Voglio raccontarti una **barzelletta**[14] che ho appena sentito....

Luca: **Lascia perdere,**[15] **non è per niente**[16] **il momento adatto,**[17] credimi!

Christian: Cos'è successo? **Cosa c'è di male**[18] se ti racconto una barzelletta....

---

7 **esami di maturità**: secondary school-leaving exams
8 **per lo meno**: at least
9 **ti dà tanto fastidio**: it annoys you so much
10 **se fossi in te**: if I were you
11 **mi guarderei bene dall'usarlo**: I'd be careful about using it
12 **vivi e lascia vivere**: live and let live
13 **l'ennesima volta**: for the nth time
14 **barzelletta**: joke
15 **lascia perdere**: drop it
16 **non è per niente**: it is not at all
17 **il momento adatto**: the right moment
18 **cosa c'è di male**: what's wrong

Luca: Non c'è niente di male, ma adesso **non è il caso**.[19] Ti prego, non insistere! Me la racconterai domani, va bene?

Christian: Ma Luca....

Luca: Christian, per favore, te lo ripeto, non insistere! Domani ti spiegherò tutto, ma ora lasciami in pace!

Christian: Boh! Chi ti capisce... a domani allora....

Luca: Sì, ciao, a domani....

Luca: (*rivolgendosi a sua madre*) Sei contenta, adesso?

Mamma: Non sono contenta... sono con..ten..tis..si..ma!!!

Luca: Contenta tu, contenti tutti.[20]

Mamma: Ben detto![21]

Luca: Chissà perché le mamme dei miei amici **non fanno tutto 'sto casino**[22] eppure i miei amici usano il telefonino più di me... tu... invece... hai sempre qualcosa **da ridire**.[23]

Mamma: Luca, la verità è che in fondo tu sai che io ho ragione, ma non lo ammetterai mai.... Ti conosco troppo bene.

Luca: Se pensi questo, ti illudi, **io rimango della mia opinione**....[24]

Mamma: Ed io... rimango della mia....

---

19 **non è il caso**: it's not the right time
20 **contenta tu, contenti tutti**: if you're happy, everybody's happy
21 **ben detto**: well said
22 **non fanno tutto 'sto casino**: they never make such a fuss
23 **da ridire**: to object to
24 **io rimango della mia opinione**: I'm keeping my opinion

CAPITOLO TREDICESIMO

Che professione scegliere?

Oggi '*I Magnifici Nove' s'incontrano a casa di Emanuel. I suoi genitori ed i suoi tre fratelli sono andati a trovare la nonna paterna che abita in una cittadina a circa dieci ore di macchina da Sydney. La casa è a completa disposizione dei ragazzi, **la credenza**[1] è piena di **ogni ben di Dio**:[2] patatine, noccioline, biscotti, cioccolatini e **quant'altro**.[3] Nel frigo ci sono tante bibite e nel freezer c'è dell'ottimo gelato.*

*'I Magnifici Nove' discutono del loro futuro professionale. La fine dell'anno scolastico s'avvicina e i ragazzi si trovano di fronte ad una scelta molto importante. **Prima o poi**[4] devono decidere che facoltà scegliere e soprattutto cosa vogliono fare da grandi....*

Luca: Una cosa che non sopporto è quando gli adulti mi domandano cosa voglio fare **da grande**.[5] Io, fino a poco tempo fa, **non ne avevo la più pallida idea**.[6] Me lo chiedono da quando avevo cinque anni. Ho cambiato idea mille volte.... Adesso sono confuso **più che mai**[7] anche se comincio ad eliminare alcune professioni a favore di altre....

Bianca: Però adesso siamo arrivati quasi alla fine della nostra vita scolastica e l'anno prossimo dobbiamo andare all'università, quindi non abbiamo più tanto tempo... bisogna avere le idee più chiare, no?

David: Io non ho dubbi, ho sempre desiderato fare il **commercialista**.[8]

Lorenzo: Forse perché tuo padre fa questa professione e così vuoi **seguire le sue orme**.[9] **Non c'è che dire**...[10] tu cominci già avvantaggiato rispetto a molti di noi.

Robert: Eh sì, che bella fortuna avere già un lavoro sicuro subito dopo l'università.

---

1 **la credenza**: the pantry
2 **ogni ben di Dio**: all kinds of goodies
3 **quant'altro**: much more
4 **prima o poi**: sooner or later
5 **da grande**: when I grow up
6 **non ne avevo la più pallida idea**: I didn't have the slightest/faintest idea
7 **più che mai**: more than ever
8 **commercialista**: accountant
9 **seguire le sue orme**: to follow in his footsteps
10 **non c'è che dire**: you can't deny it

David: Sì, lo so, sono fortunato. Ma, **sia ben chiaro**,[11] non voglio diventare commercialista solo perché mio padre fa questo lavoro. La matematica e la contabilità mi interessano molto....

Emanuel: Sì, David, diciamo che... contare i soldi ti gratifica molto.... Io, invece, lo so già, sarò un artista **squattrinato**,[12] di sicuro non sarò mai un tuo cliente... nel senso che non avrò mai bisogno di un commercialista perché non avrò mai una lira. Mi consolo pensando che almeno, non avendo reddito da dichiarare non avrò tasse da pagare....

Lorenzo: Mamma mia, quanto sei pessimista... guarda che la vita ci riserva tante sorprese... non si sa mai che cosa potrà succedere nel nostro futuro.

Erika: Ah, quanto vorrei prendere **un anno di pausa**,[13] dopo l'esame di maturità mi piacerebbe viaggiare, andare dappertutto, **a ruota libera**,[14] senza una **meta**,[15] fare tante esperienze, conoscere le altre culture e poi ritornare per cominciare l'università. Vorrei fare un corso di **stilista di moda**.[16]

Bianca: Che bello! Ti ci vedo proprio in questo campo. Sei sempre così creativa nel modo di vestirti... così originale, ma, dimmi, i tuoi genitori ti permetteranno di interrompere gli studi?

Giulia: Che c'è di strano? Guarda Bianca che qui in Australia è quello che fa la maggior parte di noi. È abbastanza normale fare un'esperienza **all'estero**[17] prima di cominciare l'università. Vedi, l'Australia è un paese bellissimo, ma purtroppo è molto isolato dal resto del mondo, quindi questo è anche un modo per noi giovani per uscire da questo senso d'isolamento.

Luca: Io c'ho provato a dirlo ai miei che volevo rinviare l'università per un anno, ma non mi hanno neanche fatto finire la frase. Dicono che mi conoscono bene... che se interrompo gli studi poi perdo l'interesse e non li riprendo più. No! Loro proprio non sono d'accordo....

---

11 **sia ben chiaro**: let me be clear
12 **squattrinato**: penniless
13 **un anno di pausa**: a gap year
14 **a ruota libera**: freewheeling
15 **meta**: destination
16 **stilista di moda**: fashion designer
17 **all'estero**: overseas / abroad

Bianca: A proposito... tu, Luca, hai deciso cosa fare all'università....
Luca: Boh, non so... come stavo dicendo prima ho le idee un po'
confuse... mi piacerebbe fare giurisprudenza ma ci vuole un voto
altissimo alla maturità, qualcosa come 99,8 su 100 e... beh, siamo
realisti, io proprio questo voto me lo sogno. Mia madre dice che fare
l'avvocato sarebbe la professione adatta a me, visto che sono capace di
far valere[18] le mie opinioni anche quando **ho torto marcio**.[19]
Veramente avrei anche un altro **sogno nel cassetto**[20] ma non so **se
sia il caso di dirlo**.[21]
Giulia: E perché non dovresti? Scusa eh, ma di cosa hai paura?
Luca: Niente... temo che **non mi prenderete sul serio**[22] e **riderete di
me**....[23]
David: Non dire **sciocchezze**,[24] Luca. Ma figurati, chi vuoi che rida di
te....
Luca: *Okay*! Vorrei entrare in politica.... Forse ho ereditato questa
passione da mio padre che, **sin**[25] da quando aveva la mia età, era molto
attivo politicamente e spesso parla della sua esperienza. Dice che
quando vedeva le differenze e le ingiustizie sociali, sognava di fare
qualcosa per eliminarle. Beh, anch'io mi sento allo stesso modo. Ecco,
l'ho detto!!!
Emanuel: E allora perché non ti iscrivi a Scienze Politiche? Sai una cosa
Luca? Fin da quando eravamo nella scuola elementare io ho sempre
pensato che tu avessi molto carisma e poi, quando veramente credi in
qualcosa, tu sei fortissimo... sei **imbattibile**.[26]
Luca: Anche mio padre dice la stessa cosa, ma... non so... forse è
ancora troppo presto.... Adesso, però, vogliamo sentire te, Bianca, tu
ancora non ci hai detto che cosa vorresti fare?

---

18 **far valere**: to impose
19 **ho torto marcio**: I'm completely wrong
20 **sogno nel cassetto**: secret dream
21 **se sia il caso di dirlo**: whether I should say it
22 **non mi prenderete sul serio**: you won't take me seriously
23 **riderete di me**: you will laugh at me
24 **sciocchezze**: nonsense
25 **sin**: since
26 **imbattibile**: unsurpassable / unbeatable / invincible

Bianca: Mah! Sin da piccola ho sempre desiderato fare il medico e specializzarmi in pediatria. Mi piacciono molto i bambini, però, per laurearsi in medicina, ci vogliono tanti anni ed io non sono più tanto sicura di voler spendere gli anni più belli della mia vita sui libri.... Tra la laurea e la specializzazione ci vogliono almeno otto o nove anni....

Robert: Mamma mia! Sarai vecchia, quando potrai cominciare a lavorare.... No no, **non farebbe al caso mio**.[27] E poi non voglio essere **di peso**[28] alla mia famiglia per troppi anni... ho un fratellino e una sorellina più piccoli... i miei **non navigano nell'oro**....[29] A me piace il cinema, soprattutto quello americano, i film d'azione e ad effetti speciali. Mi piacciono da morire, **non me ne perdo uno**....[30] La mia ambizione sarebbe di lavorare nel mondo del cinema. Forse mi iscriverò ad un corso di cinematografia. Chissà....

Emanuel: Chissà che non diventerai un **regista**[31] famoso... e... saremo in due ad essere famosi.... Che bello... sognare... di tanto in tanto.... In fondo... sognare... non costa niente....

---

27 **non farebbe al caso mio**: it wouldn't suit me / it wouldn't do for me
28 **di peso**: a burden
29 **non navigano nell'oro**: they're not swimming in money
30 **non me ne perdo uno**: I never miss one of them
31 **regista**: film director

CAPITOLO QUATTORDICESIMO

Discussione sul film *Ricordati di me*

A Sydney **è in corso**[1] *il festival del cinema italiano. Luca e Bianca sono andati a vedere un film. Alcuni giorni dopo si ritrovano ad una festa di compleanno insieme con tutti gli altri. Mangiano, ascoltano la musica, ballano, si divertono un mondo. Poi,* **sfiniti,**[2] *si siedono in giardino e parlano di questo film ai loro amici.*

Prima parte

Luca: Finalmente posso dire di aver visto un bel film....

David: Qual è il titolo del film?

Luca: *Ricordati di me!* **È da vedere!**[3] Ve lo raccomando!

Erika: Chi è il regista?

Bianca: Un regista italiano che si chiama Gabriele Muccino. Io avevo già visto un altro film di Muccino dal titolo *L'ultimo bacio* che parla della crisi di giovani coppie. Anche quello era bellissimo, ma, secondo me, *Ricordati di me* è **ancora più**[4] bello....

Emanuel: Di che cosa tratta? Il titolo non mi sembra molto interessante, anzi... sembra... come dire... troppo romantico... nostalgico, **sdolcinato.**[5]

Bianca: Infatti, anch'io mi aspettavo qualcosa di questo genere. Non ero molto entusiasta prima di andare al cinema.

Luca: Anch'io ci sono andato **a malincuore,**[6] anche perché me lo aveva raccomandato mia madre e allora.... Neanche per i film abbiamo gli stessi gusti, ma questa volta, devo ammettere, ha avuto ragione.

Emanuel: Allora, qual è la **trama**?[7]

Bianca: Dunque... i protagonisti principali sono quattro: padre, madre e due figli, una ragazza di diciassette anni di nome Valentina e un ragazzo di nome Paolo. I genitori, Giulia e Carlo, sono una coppia nel mezzo di una crisi matrimoniale, entrambi sono **delusi**[8] per non aver realizzato le loro ambizioni. Giulia, da giovane, sognava di diventare attrice di teatro

---

1 **è in corso**: is underway
2 **sfiniti**: exhausted
3 **è da vedere!**: you have to see it!
4 **ancora più**: even more
5 **sdolcinato**: mushy / schmaltzy
6 **a malincuore**: reluctantly
7 **trama**: plot
8 **delusi**: disappointed

e invece finisce per fare l'insegnante. Il sogno di Carlo era di diventare **romanziere**[9] e invece lavora in una società finanziaria.

Lorenzo: Perché hanno fatto una carriera diversa da quella che avevano sognato?

Luca: Quando si sono sposati ed hanno avuto i figli hanno pensato che una carriera più 'tradizionale' potesse garantire una maggiore sicurezza finanziaria, così si sono adattati a dei lavori che non erano molto gratificanti, ma offrivano un reddito sicuro.

Robert: E poi, cosa ha causato la loro crisi?

Bianca: Proprio il comportamento di Valentina, la figlia maggiore, una ragazza molto sicura di sé e molto determinata a realizzare il suo sogno di diventare famosa. Desidera **con tutte le sue forze**[10] diventare una velina della televisione e per raggiungere il suo scopo non si ferma davanti a nulla.

Luca: Anche lei, come i suoi genitori, ha grandi ambizioni, ma, contrariamente a loro, **non si arrende**[11] di fronte agli ostacoli che incontra, anzi gli ostacoli diventano per lei una sfida maggiore.

---

9 **romanziere**: novelist
10 **con tutte le sue forze**: with all her heart
11 **non si arrende**: she doesn't give up

Seconda parte

Emanuel: E Valentina che tipo è?

Luca: Mah, secondo me, non è bellissima, ma è molto appariscente. Bionda, alta, occhi chiari grandi, molto truccata.... Una che quando cammina per strada di certo **non passa inosservata**....[12] Diciamo che **buca lo schermo**.[13] Tu, Bianca, cosa ne pensi? Sei d'accordo con me?

Bianca: Oh sì sì, lei fa di tutto **per mettersi in mostra**.[14] Valentina sa quello che vuole e lo ottiene **a tutti i costi**[15] senza crearsi troppi scrupoli. Accetta persino di avere una relazione con **un pezzo grosso**[16] della televisione, solamente perché le può aprire delle porte importanti nel mondo della televisione e facilitare la strada verso il successo.

Erika: E alla fine **ci riesce**?[17]

Luca: **Altroché!**[18] Ci riesce, eccome se ci riesce! Poi, però, si rende conto che il prezzo che ha dovuto pagare è molto alto e in alcuni momenti puoi notare una profonda tristezza negli occhi.

Emanuel: E Paolo, suo fratello, com'è?

Bianca: Molto diverso da sua sorella, **è alle prese**[19] con gli esami di maturità, è molto insicuro, è innamorato pazzo di una ragazza *no global*,[20] che non ricambia il suo amore e parla di cose che lui non capisce. È **imbranato**[21] e perennemente confuso.

Giulia: Scusate ragazzi, una cosa non mi è chiara... perché Valentina avrebbe messo in crisi il rapporto dei genitori?

---

12 **non passa inosservata**: she doesn't go unnoticed
13 **buca lo schermo**: she has a natural presence (lit. she breaks through the screen)
14 **per mettersi in mostra**: to show off
15 **a tutti i costi**: at all costs
16 **un pezzo grosso**: a big shot
17 **ci riesce**: does she succeed?
18 **altroché!**: of course!
19 **è alle prese**: he's up against it / he's struggling
20 **no global**: anti-global
21 **imbranato**: clumsy / awkward

Bianca: È molto semplice. Valentina, inconsciamente, **incrina**[22] l'apparente serenità familiare risvegliando nei genitori il desiderio di realizzare i loro sogni nel cassetto, **soffocati per tanto tempo**.[23] Così la madre decide di ritornare a recitare in teatro e il padre riprende il manoscritto di un libro che aveva scritto molti anni prima e che non aveva mai avuto il coraggio di presentare ad una casa editrice.

Luca: Poi il padre incontra **una vecchia fiamma**[24] e ricomincia una relazione con lei. La madre crede di essersi innamorata del regista della commedia teatrale nella quale ha ottenuto una parte ed è determinata ad iniziare **una storia d'amore**[25] con lui.

Erika: La conclusione è un classico... i genitori si separano e addio famiglia....

Bianca: Non finisce esattamente così. Un incidente molto banale **riporta** la coppia **sui loro passi**.[26] Entrambi capiscono che, **per quanto**[27] la loro vita insieme non sia favolosa, hanno ancora molte cose che li uniscono e decidono di nuovo di **mettere da parte**[28] le loro aspirazioni e di **accontentarsi di** quello[29] che hanno....

Lorenzo: Rinunciando ancora una volta ai loro sogni... in parole povere... sono dei veri **perdenti**....[30]

Luca: Sai, anch'io in un primo momento ero arrivato a questa conclusione, ma poi, pensandoci di più sopra ho capito che invece è una questione di cultura. In Italia il concetto della famiglia è ancora molto forte, anche se il numero di divorzi aumenta anche lì ogni anno.

David: Insomma, mi sembra che in questo film ci sia un po' di tutto. **Dà uno spaccato**[31] della famiglia di oggi e dei problemi adolescenziali. Rappresenta situazioni in cui tutti noi possiamo identificarci, inclusi i nostri genitori, visto che tratta anche della **crisi della mezza età**.[32] Un film per tutti... insomma....

---

22 **incrina**: strains / spoils
23 **soffocati per tanto tempo**: buried for such a long time
24 **una vecchia fiamma**: an old flame (love)
25 **una storia d'amore**: a love affair
26 **riporta... sui loro passi**: forces them to retrace their steps
27 **per quanto**: although
28 **mettere da parte**: to put aside
29 **accontentarsi di**: to be satisfied with
30 **perdenti**: losers
31 **dà uno spaccato**: it gives a cross section / a picture
32 **crisi di mezza età**: mid-life crisis

Erika: A me piacerebbe tanto andare a vedere questo film, anche se ormai praticamente l'avete raccontato tutto....

Luca: **Lo danno**[33] di nuovo domani, se volete andare vengo anch'io; lo rivedrei volentieri anche perché i dialoghi sono molto veloci e penso di **aver perso**[34] molte espressioni.

Bianca: Anch'io lo voglio rivedere. La **colonna sonora**[35] è bellissima, poi ci sono delle vedute di Roma che **ti tolgono il respiro**.[36] Dai, andiamoci domani! Luca, sai a che ora comincia?

Luca: Non me lo ricordo esattamente. Quando vado a casa controllo **gli orari**[37] e ve li mando via email. Va bene?

Emanuel: Ad una condizione però, che dopo andiamo **a farci una pizza**....[38]

Christian: Come al solito... la tua prima necessità ed unica preoccupazione è... mangiare.

---

33 **lo danno**: they're showing it / they're screening
34 **aver perso**: to have missed
35 **colonna sonora**: sound track
36 **ti tolgono il respiro**: they take your breath away
37 **gli orari**: the schedule / the screening times
38 **a farci una pizza**: to eat a pizza (slang)

CAPITOLO QUINDICESIMO

Il giorno degli esami s'avvicina

'I Magnifici Nove' s'incontrano a casa di Christian. Sembrano calmi, ma come capiremo dai loro discorsi, si tratta di una calma apparente.

Bianca: Ehi! Ragazzi... cosa sono 'ste facce? Non mi dite che, ora che gli esami **sono dietro l'angolo**,[1] cominciate ad avere paura... come vi sentite? **Nessun**[2] attacco di panico?

Luca: No, no, nessun attacco di panico, però sono veramente **stufo**,[3] non vedo l'ora di farli 'sti benedetti esami....

David: Anch'io sono esausto. Studio **in media**[4] quattro ore ogni pomeriggio e francamente più studio più mi sembra di non ricordare niente. Temo proprio che in questi esami **farò un buco nell'acqua**.[5]

Christian: Non ne parliamo.... Ieri sera ho studiato fino a mezzanotte, quando sono andato a letto non riuscivo a prendere sonno perché nella mente ripetevo tutte le formule. Non so perché ho scelto biologia, è così difficile e bisogna avere **una memoria di ferro**[6] per ricordare tutto.

Lorenzo: Ragazzi, calmatevi, il nervosismo non vi aiuterà per niente, anzi....

Luca: E già, tu puoi permetterti di essere calmo. A te basta leggere una cosa e ricordi tutto... non è perché tu sia più intelligente di noi. Hai la memoria di un elefante....

Robert: Ragazzi, il segreto sta nel trovare un buon metodo di studio e nel saper **gestire il tempo**[7] in maniera intelligente. Prendete me, per esempio, io ci sono dei giorni in cui studio **per ore e ore**[8] ma i risultati **fanno pena**.[9] Altre volte riesco a fare molto in pochissimo tempo.

Luca: Mio padre dice sempre che quando sono troppo stanco di stare sui libri e non riesco a concentrarmi, dovrei alzarmi, uscire dalla mia camera, fare un po' di esercizio fisico, che so, magari una corsa **intorno all'isolato**[10] o **tirare dei calci ad un pallone**,[11] insomma distrarmi....

---

1 **sono dietro l'angolo**: are approaching / are around the corner
2 **nessun**: any
3 **stufo**: fed up
4 **in media**: on average
5 **farò un buco nell'acqua**: I'll get nowhere
6 **una memoria di ferro**: a memory like a steel trap
7 **gestire il tempo**: to manage the time
8 **per ore e ore**: for hours and hours
9 **fanno pena**: are disappointing
10 **intorno all'isolato**: around the block
11 **tirare dei calci ad un pallone**: kick a ball around

Robert: Scommetto che invece **a te va solo**[12] di accendere la televisione e di **sprofondare in una poltrona**....[13]

Luca: Hai indovinato... e questo fa andare mia madre su tutte le furie.

Emanuel: Stessa storia a casa mia. Mia madre ripete continuamente: "Tu devi essere il ragazzo più pigro **sulla faccia della terra**."[14]

Luca: Emanuel, mi sa che le nostre mamme si consolano a vicenda... però, detto tra noi, mia madre un po' ha ragione. La mia pigrizia a volte è proverbiale. Devo ammetterlo!

Lorenzo: Per me, quando sono un po' deconcentrato, non c'è niente di meglio di una bella nuotata in piscina, faccio almeno dieci **vasche**[15] e dopo mi sento di nuovo in perfetta forma.

Bianca: Io invece trovo che ascoltare la musica mi rilassa molto. Quando il livello di concentrazione si abbassa, prendo il mio walkman e vado a fare una bella passeggiata nel parco vicino a casa mia.

Giulia: Anch'io esco ogni pomeriggio con il mio walkman e Bonnie, il mio **cagnolino**.[16] Porto anche la pallina da tennis e **scarico la tensione**[17] giocando con Bonnie. Qualche volta incontro altri ragazzi con i loro cani e allora **scambiamo quattro chiacchiere**.[18] Quando ritorno a casa **mi sento cento volte meglio**.[19]

Erika: Io non so gestire affatto il mio tempo. Quando ho tanti compiti non riesco a smettere c a fare una pausa. Vado avanti, anche se non capisco più niente. Qualche volta mia madre capisce la mia frustrazione e **mi porta di peso fuori**[20] dalla mia camera. Spesso mi forza ad uscire e a prendere un po' d'aria. Ci mettiamo le scarpette da tennis ed andiamo insieme a fare footing.

Emanuel: La verità è che io studio poco durante il semestre e poi mi ritrovo con un mare di cose da studiare prima dell'esame e... allora... **vado completamente in tilt**.[21]

---

12 **a te va solo**: you only feel like
13 **sprofondare in una poltrona**: to sink into an armchair
14 **sulla faccia della terra**: on the face of the earth
15 **vasche**: laps
16 **cagnolino**: puppy
17 **scarico la tensione**: I relieve the tension / I unwind
18 **scambiamo quattro chiacchiere**: we chat a bit / we exchange a few words
19 **mi sento cento volte meglio**: I feel a hundred times better
20 **mi porta di peso fuori**: she carries me bodily out
21 **vado completamente in tilt**: I get completely confused/in a muddle

Lorenzo: Anch'io lascio tutto all'ultimo momento, niente di più sbagliato....

David: Beh! Credo che tutti più o meno commettiamo questo errore.

Luca: Mia madre mi ripete sempre: "Non rinviare a domani quello che puoi fare oggi!" Mi sa che ha ragione.

Robert: Luca, oggi ben due volte hai detto che la tua mamma ha ragione. Che ti succede?

David: Ah ah ah, Luca, stai diventando più saggio o mi sbaglio....

Luca: La mia povera mamma, la faccio impazzire, ma... **in fondo**[22] le voglio un mondo di bene. Sono proprio un cretino... la faccio arrabbiare così spesso.

Bianca: Luca, questa è la cosa più bella che abbia mai sentito da te, hai mai provato a dire questa cosa a tua madre?

Luca: No, mai... non ci penso neppure....

David: Cosa vedo? Una lacrima? Ehi! Luca, hai gli occhi rossi... cosa fai, piangi? Vuoi farci credere che ti sei emozionato?

Luca: Non dire stupidaggini... c'è qualcosa nell'aria... sarà il polline delle piante.... Christian, il giardino di casa tua sembra una foresta tropicale....

Christian: Ma **che balle**[23] racconti Luca... non siamo mica in primavera....

---

22 **in fondo**: deep down
23 **che balle**: what rubbish / baloney

CAPITOLO SEDICESIMO

Diversi punti di vista

Luca *ha trascorso la domenica a casa di amici dei suoi genitori. C'era molta gente interessante, tra cui un ragazzo italiano, precisamente di Bologna, di nome Giorgio. È un ragazzo molto anticonformista, si veste in maniera originale e ha un taglio di capelli piuttosto eccentrico. Mostra un'incredibile sicurezza in se stesso e sembra avere una risposta a tutto.* **S'intende**[1] *di letteratura, di relazioni internazionali, di storia, di politica e soprattutto di musica. Infatti, fa il dj in una discoteca di Bologna. Sta facendo un'esperienza di studio in una scuola di Sydney. È qui già da un mese e vi rimarrà per almeno altri cinque. Durante il pranzo ha avuto luogo una discussione molto animata. Il seguente dialogo è avvenuto tra Luca e Giorgio.*

Prima parte

Luca: Allora, Giorgio, cosa ne pensi della scuola australiana?

Giorgio: Mah! È molto diversa da quella italiana, sicuramente.

Luca: Ah sì? In che senso?

Giorgio: Nel senso che tutto il sistema scolastico è diverso. **Innanzitutto**[2] voi qui studiate meno materie di quelle che studiamo nelle scuole italiane. Io, per esempio, faccio il liceo classico e nella mia scuola è obbligatorio studiare latino, greco antico, filosofia, eccetera. In compenso qui i professori **danno più spazio**[3] alla parte pratica che a quella teorica.

Luca: Cosa vuoi dire?

Giorgio: Voglio dire che, per esempio, per tutte le materie scientifiche, come scienze, biologia, chimica, voi trascorrete molto tempo nei laboratori, fate esperimenti e sezionate anche i topolini. **Da noi**[4] studiamo tanta teoria, memorizziamo tutte le formule, ma non facciamo mai neanche **uno straccio di esperimento**.[5]

Luca: Questo è un vantaggio per gli studenti di qui....

Giorgio: Eh sì, indubbiamente.

Luca: E poi dimmi, dai! Sono curioso, cos'altro ti ha sorpreso?

---

1 **s'intende**: he understands / he is knowledgeable
2 **innanzitutto**: first of all
3 **danno più spazio**: they give more attention / they pay more attention
4 **da noi**: in our schools
5 **uno straccio di esperimento**: a single experiment

Giorgio: Oh, **lasciami pensare**...[6] ah sì, i rapporti tra gli studenti e i professori qui sono molto meno formali. Vi date spesso delle **pacche sulle spalle**[7] e parlate **alla pari**.[8] Ho notato che persino con il preside voi studenti avete **molta confidenza**[9] e siete molto amichevoli. Con alcuni professori addirittura parlate dei vostri problemi, raccontate delle barzellette e fate scherzi. In una scuola italiana questo non succederebbe mai....

Luca: Che strano... pensavo che fosse esattamente il contrario....

Giorgio: Mah, forse sto esagerando... diciamo che dipende molto dai professori, con quelli un po' più giovani **ci prendiamo delle libertà**,[10] ma succede molto raramente.... Comunque, sai qual è la cosa che mi ha colpito maggiormente?

Luca: Che cosa, dimmi!

Giorgio: La **divisa**.[11] Ti giuro, è stato un vero shock per me. Purtroppo sono obbligato anch'io ad indossarla per tutto il tempo che frequenterò questa scuola, ma ti assicuro... non mi piace proprio per niente....

Luca: E perché, cosa c'è di male ad indossare una divisa?

Giorgio: Beh, non mi piace essere uguale a centinaia di altri ragazzi....

Luca: Perché, tu credi che solo perché ti vesti come gli altri sei uguale agli altri?

Giorgio: È che non puoi esprimere la tua individualità, la tua personalità. Noi siamo degli individui ed esprimiamo la nostra personalità anche **attraverso il modo**[12] in cui ci vestiamo....

---

6 **lasciami pensare**: let me think
7 **pacche sulle spalle**: a slap on the back
8 **alla pari**: on the same level
9 **molta confidenza**: a lot of familiarity
10 **ci prendiamo delle libertà**: we take some liberties
11 **divisa**: uniform
12 **attraverso il modo**: through the way

Seconda parte

Luca: Non sono d'accordo, non hai bisogno di cose esteriori per esprimere la tua personalità. E poi... puoi sempre farlo **al di fuori**[13] della scuola o nelle occasioni di socializzazione. Per me la divisa evita un sacco di problemi.... Quando siamo a scuola siamo tutti uguali, ci vestiamo allo stesso modo, così non c'è distinzione tra il ragazzo ricco e il povero. I miei cugini in Italia sono ossessionati da quello che devono indossare ogni giorno a scuola e i miei zii spendono **una barca di soldi**[14] per l'abbigliamento. Poi, se non hai i jeans **firmati**[15] o la maglietta firmata **non vali niente...**[16] sei nessuno, insomma **ti devi confrontare**[17] ogni giorno con questo tipo di problemi.

Giorgio: Mah, forse hai ragione, ma **solo in parte,**[18] sono gli insicuri quelli che danno importanza a queste cose, **a me personalmente non importa affatto**[19] degli abiti firmati....

Luca: Eh già, però vedo che i jeans che hai addosso adesso non li hai comperati in un **mercato all'aperto,**[20] **mi sbaglio**[21] o sono di 'Dolce e Gabbana?' Io li conosco i prezzi. I tuoi jeans costano **come minimo**[22] duecento euro, lo so benissimo perché mio fratello vive a Milano e **va pazzo per**[23] la roba firmata....

Giorgio: Questo è l'unico jeans firmato che ho, gli altri li compro al mercato per pochi euro....

Luca: In ogni caso io sono assolutamente a favore della divisa. È molto più democratica... e poi... ci dà il senso di **appartenenza**[24] alla nostra scuola. In genere noi studenti siamo molto orgogliosi della nostra scuola ed esprimiamo il nostro orgoglio indossando la divisa che ci distingue dagli studenti di altre scuole.

---

13 **al di fuori**: outside
14 **una barca di soldi**: a lot of money / a heap of money
15 **firmati**: designer
16 **non vali niente**: you are worth nothing
17 **ti devi confrontare**: you have to face / you must face
18 **solo in parte**: only partly
19 **a me personalmente non importa affatto**: for me personally it's not important at all
20 **mercato all'aperto**: open air market
21 **mi sbaglio**: am I wrong
22 **come minimo**: at least
23 **va pazzo per**: he is crazy about / he goes crazy for
24 **appartenenza**: belonging

Giorgio: Un'altra cosa che trovo veramente assurda è la scuola *unisex*. È inaccettabile che oggigiorno ci siano scuole maschili e femminili, è un concetto così anacronistico, **superato**....[25]

Luca: Sono d'accordo con te, anch'io avrei preferito una scuola mista, ma i miei genitori hanno deciso per me, purtroppo... ero troppo piccolo per poter esprimere la mia opinione. Sì, forse alcuni ragazzi **non imparano mai a relazionarsi**[26] con l'altro sesso, sono impacciati e a volte hanno quasi paura di socializzare con le ragazze. Io per fortuna... non ho questo tipo di problemi... anzi....

Giorgio: Molta gente è convinta che nelle scuole miste gli studenti maschi sono distratti dalla presenza delle ragazze e viceversa e quindi il loro **rendimento**[27] accademico sarebbe molto più basso. Secondo me, questa è proprio un'idiozia. **A mio parere**[28] è contro natura separare i due sessi per tutta la durata della vita scolastica....

Luca: Su questo **ti devo dare** perfettamente **ragione**,[29] però... a volte le ragazze possono essere delle vere **rompiscatole**....[30] Talvolta **rendono la vita impossibile**[31] a noi poveri maschi.... **Tutto sommato**[32] forse è meglio incontrarle solo sull'autobus o... alle feste o durante i *week-end*....

Giorgio: Caspita, sei proprio un **maschilista**![33] Quello che hai appena detto è molto *politically incorrect*. E parli pure di democrazia....

Luca: Ma dai, non capisci che stavo scherzando.... Sei troppo serio **per i miei gusti**.[34]

---

25 **superato**: out-dated / old fashioned
26 **non imparano mai a relazionarsi**: they never learn how to relate to
27 **rendimento**: performance
28 **a mio parere**: it seems to me
29 **ti devo dare ragione**: I have to agree with you
30 **rompiscatole**: pains in the neck
31 **rendono la vita impossibile**: they make life impossible
32 **tutto sommato**: all things considered
33 **maschilista**: male chauvinist
34 **per i miei gusti**: for my taste / to my liking

CAPITOLO DICIASSETTESIMO

Durante gli esami: che stress!

'*I Magnifici Nove*' sono tutti sotto pressione. Sono **nel bel mezzo**[1] degli esami e stanno dimostrando una grande volontà di ottenere buoni risultati. Hanno cambiato drasticamente la loro routine, non escono più così spesso e, con grande sorpresa dei loro genitori, stanno studiando sul serio.... Oggi s'incontrano a casa di Giulia.

Bianca: Allora, ragazzi, come vanno le cose. Cosa ne pensate di questi esami, sono più difficili o più facili di quello che pensavate?

David: **Per quanto mi riguarda**,[2] non sono particolarmente difficili, certo, se non studi anche le cose più facili sembrano difficili....

Emanuel: Per me l'esame d'inglese era molto difficile, sarà che Hamlet non mi è molto simpatico, ma... insomma, sono riuscito a scrivere poco più di tre pagine....

Luca: Anch'io trovo Shakespeare un po' noioso, ho scritto più di quattro pagine, ma non credo di aver fatto un capolavoro. Quando l'ho riletto non ero molto soddisfatto, ma non avevo più il tempo di cambiare. Troppo tardi. Dovevo passare alla domanda successiva.

Lorenzo: Nell'esame di inglese io non ho avuto alcun problema, credo di avere risposto correttamente a tutte le domande. Però a volte mi domando perché dobbiamo studiare solo i classici e non autori più contemporanei... più dei giorni nostri. I classici sono importanti, ma parlano di cose ormai superate. Il mondo cambia... evolve....

Luca: Vero, mi trovi perfettamente d'accordo. A me piacerebbe studiare autori che affrontano problematiche più contemporanee, che ci toccano più da vicino e in cui noi possiamo identificarci.

Erika: Ma cosa dite ragazzi, siete pazzi? Shakespeare è Shakespeare, volete mettere in dubbio il valore letterario delle opere di Shakespeare?

Luca: **Neanche per sogno**,[3] la letteratura mondiale **deve molto a**[4] Shakespeare, questo nessuno può metterlo in dubbio, però... trovo esagerato analizzare parola per parola le sue opere. Ecco tutto.

Bianca: **Vi va ancora bene**![5] Gli studenti italiani devono studiare *La Divina Commedia* di Dante Alighieri, parola per parola. Avete mai sentito parlare di Dante Alighieri?

---

1 **nel bel mezzo**: right in the middle of
2 **per quanto mi riguarda**: as far as I'm concerned
3 **neanche per sogno**: I wouldn't dream of it
4 **deve molto a**: it owes a lot to
5 **vi va ancora bene**: you are still lucky

Luca: **Come no**?[6] Dante sta alla letteratura italiana come Shakespeare sta a quella inglese.... È un grande scrittore fiorentino. Quando siamo andati a Firenze abbiamo visitato la casa in cui è nato e anche la chiesa dove sembra che abbia incontrato Beatrice, il suo grande amore. A mia madre è venuta **la pelle d'oca**[7] per l'emozione. Ripeteva: "Oh! Che emozione! Qui è nato il grande Dante!"

Bianca: *La Divina Commedia* è lunghissima, comprende tre parti: Inferno, Purgatorio e Paradiso. Dante Alighieri è il padre della lingua italiana, ha dato un contributo inestimabile alla nostra letteratura, ma è vissuto nel 1300, la lingua italiana è cambiata tantissimo in tutti questi secoli. Eppure passiamo ore ed ore **a tavolino**[8] e in classe. Beh, vi posso garantire che per molti studenti è un vero **incubo**.[9] Una tortura!

Giulia: È inutile polemizzare, tanto noi non possiamo cambiare nulla. È il *Board of Studies* che decide.... Piuttosto, come siete andati nelle altre materie?

Erika: Mah, l'esame di economia è andato **così così**,[10] avevo studiato **da matti**,[11] ma sono un po' delusa. Le domande erano molto **ingannevoli**[12] soprattutto quelle **a risposta multipla**....[13]

Christian: Sì, è vero, tutte le risposte sembravano simili, perciò dovevi stare veramente attento per capire quella giusta.... A volte gli esaminatori si divertono a rendere difficile la nostra vita. **Ci provano gusto**[14] a vedere noi studenti in difficoltà. Comunque io l'esame di economia l'ho finito. Ora non ci voglio più pensare fino a quando ricevo i risultati....

Robert: Credo di essere andato molto bene solo in matematica. L'esame era difficile, ma avevo fatto un sacco di esercizi, perciò penso di prendere un buon voto.

---

6 **come no**: of course!
7 **la pelle d'oca**: goose bumps
8 **a tavolino**: at our desks
9 **incubo**: nightmare
10 **così così**: so-so
11 **da matti**: like crazy
12 **ingannevoli**: tricky, misleading
13 **a risposta multipla**: multiple choice
14 **ci provano gusto**: they get a kick out of / they find it amusing

Emanuel: Beato te! Io in matematica non ho completato neanche la prima sezione, ho fatto un vero disastro.... **Non sono portato per la matematica**,[15] c'è poco da fare.... In compenso credo di essere andato molto bene all'esame di arte. Anzi lo spero proprio perché è l'unico campo in cui mi salvo.... Mi è sempre piaciuto disegnare, sin da piccolo e....

David: E un giorno sarai famoso Emanuel, **me lo sento**.[16] Magari ci puoi dare un autografo già da ora, **non si sa mai**.[17] Quando diventerai **un mostro sacro**[18] a livello internazionale come Picasso, Modigliani, Renoir, possiamo venderlo e farci un po' di soldi. Ragazzi, **che ve ne pare**?[19] Spero che non ti dimenticherai di noi comuni mortali, vero Emanuel?

Emanuel: Veramente sono io che spero che quando tu avrai accumulato tanti soldi, ti ricorderai di un artista **povero in canna**[20] come me. Si sa che il valore di un artista viene normalmente riconosciuto solo *post-mortem*....

---

15 **non sono portato per la matematica**: I'm not made for mathematics
16 **me lo sento**: I can feel it
17 **non si sa mai**: you never know
18 **un mostro sacro**: a big name
19 **che ve ne pare**: what do you think
20 **povero in canna**: penniless

CAPITOLO DICIOTTESIMO

Kebab, spaghetti, moussaka: viva il multiculturalismo!

Oggi 'I Magnifici Nove' s'incontrano a casa di Erika che abita in una **villetta a schiera**[1] nel centro di Sydney, in mezzo ad uffici e negozi. È un po' difficile trovare il parcheggio che è solo **a pagamento**.[2] Il papà di Erika decide di fare un barbecue per i ragazzi che accettano con grande entusiasmo....

Prima parte

Emanuel: Tuo padre fa il miglior barbecue del mondo, Erika. Era tutto delizioso.

Erika: Grazie, Emanuel, sì, anch'io adoro la carne **alla griglia**,[3] anche se mi piace mangiare altre cose.

Giulia: **Siamo così fortunati**![4] A Sydney troviamo qualsiasi tipo di cucina e di alta qualità.

Luca: Sì, non hai bisogno di andare a Pechino per una buon'**anatra**[5] **alla pechinese**... qui ci sono degli ottimi ristoranti cinesi.

Lorenzo: Un paio di settimane fa sono andato con i miei in un ristorante vietnamita, credetemi ragazzi, tutto quello che abbiamo ordinato era così buono....

David: Io, come cucina esotica, preferisco quella giapponese. Secondo me la varietà della cucina giapponese è la più ricca di tutte. Poi dev'essere anche molto sana....

Luca: Oh sì... io vado pazzo per il teppanyaki....

Bianca: E che cos'è 'sto teppanyaki?

Christian: È un modo di cucinare il cibo davanti ai clienti. È anche molto spettacolare, lo chef fa girare per aria piatti, fa volare coltelli, **scodelle**,[6] uova, **affetta**[7] **spicchi d'aglio**,[8] lo **zenzero**,[9] taglia le verdure, versa l'olio o la salsa di soia e aggiunge sale, pepe e tante altre spezie orientali, il tutto ad una velocità supersonica. In genere questi chef sono estremamente coordinati ed esperti.

---

1 **villetta a schiera**: town house
2 **a pagamento**: metered
3 **alla griglia**: grilled / barbecued
4 **siamo così fortunati**: we are so lucky
5 **anatra alla pechinese**: Peking duck
6 **scodelle**: bowls
7 **affetta**: he slices
8 **spicchi d'aglio**: garlic cloves
9 **zenzero**: ginger

Robert: Con i miei andiamo spesso in un ristorante tailandese, ci piace molto la cucina tailandese, anche se non è la mia preferita.

Giulia: A me piace sperimentare cose nuove ed esotiche, per me però la cucina migliore rimane sempre quella italiana: è insuperabile! È la cucina per eccellenza! Solo la vista di una pizza o delle fettuccine alla bolognese o dei bucatini all'amatriciana **mi mette di buon umore**.[10]

Emanuel: **Senza parlare**[11] della lasagna, dei cannelloni, degli gnocchi, degli spaghetti alla carbonara, della bruschetta, del pollo alla cacciatora. Uh! **Mi viene l'acquolina in bocca**[12] **solo a pensarci**....[13] Anche secondo me la cucina italiana è la più varia.

Bianca: Infatti, più che di cucina italiana, dovremmo parlare di cucina regionale. L'Italia è costituita da venti regioni ed ognuna ha una sua cucina tipica.

Luca: Sì, gli italiani del sud e quelli del nord hanno anche abitudini alimentari diverse. Per esempio al sud fanno molto uso di pasta e olio d'oliva, al nord invece consumano più riso e burro. Ma comunque io trovo che qui a Sydney i ristoranti italiani stiano diventando sempre meno 'italiani.' **Di tanto in tanto**,[14] con i miei genitori andiamo in un ristorante italiano dove fanno dei piatti molto particolari e, devo dire, molto **coraggiosi**.[15] Per esempio fanno delle interessanti combinazioni tra la cucina occidentale e quella orientale. Un antipasto per il quale vado matto è il carpaccio di tonno, condito con olio d'oliva, che è tipicamente italiano e la salsa di soia, che tanto italiana... non è, e lo completano con **un tocco di peperoncino**.[16] È squisito.

---

10 **mi mette di buon umore**: it puts me in a good mood
11 **senza parlare**: not to mention
12 **mi viene l'acquolina in bocca**: my mouth waters
13 **solo a pensarci**: just to think about it
14 **di tanto in tanto**: every now and then
15 **coraggiosi**: daring
16 **un tocco di peperoncino**: a touch of chili pepper

Seconda parte

Christian: Siete mai stati in un ristorante cinese in centro dove servono la carne di canguro, di coccodrillo e di **struzzo**[17] **alla cinese**?[18] Una vera delizia... **provare per credere**....[19]

Bianca: Tutto questo grazie al multiculturalismo, cioè alla convivenza di tanti gruppi di persone provenienti da ogni parte del mondo. **Se non vado errata**[20] in Australia vivono circa centoventi diversi gruppi etnici.

Robert: Sì, più o meno, sono tantissimi eh? Pensate a quante culture diverse convivono **all'interno**[21] della stessa comunità. E senza grossi conflitti, anzi....

Bianca: L'altra sera abbiamo invitato a cena degli amici australiani e parlavano proprio del multiculturalismo. Hanno detto che è stato il governo laburista di un famoso primo ministro di cui non ricordo il nome....

David: Sì, si chiama Gough Whitlam, è stato lui che alla fine degli anni Sessanta ha incoraggiato il multiculturalismo attraverso **il mantenimento**[22] delle lingue e delle culture etniche. **Se ci pensate**,[23] la ricchezza culturale che deriva dalle diversità è enorme. Non solo nella cucina, ma anche in tanti altri campi.

Emanuel: Infatti, il mio professore di storia, parlando del multiculturalismo, ci ha raccontato che fino ad alcuni decenni fa **la politica**[24] dei governi incoraggiava l'assimilazione dei vari gruppi etnici alla cultura australiana. La stessa cosa succedeva in altri paesi. In America l'americanizzazione era **un obbligo**![25] Oggi invece la tendenza è di andare verso l'integrazione, anche se ci sono ancora delle resistenze da parte di alcuni gruppi etnici.

Giulia: Però, in questo modo, corriamo il rischio di perdere la nostra identità nazionale?

---

17 **struzzo**: emu
18 **alla cinese**: Chinese style
19 **provare per credere**: you have to try it to believe it
20 **se non vado errata**: if I'm not wrong
21 **all'interno**: within
22 **il mantenimento**: the preservation
23 **se ci pensate**: if you think about it
24 **la politica**: the policy
25 **un obbligo**: an obligation

Robert: Già, è vero, non ci avevo pensato... però... **nel giro di**[26] alcuni anni si può formare una nuova identità nazionale, forse più ricca e **sfaccettata**....[27]

Erika: Bisognerebbe partire dal concetto che **aprirsi**[28] alle altre culture non significa rinunciare alla nostra, ma allargare la nostra e beneficiare di cose che altrimenti non conosceremmo mai.

Lorenzo: Giusto! Se tutti possiamo **scegliere il meglio di**[29] ogni cultura è la cultura nazionale che è avvantaggiata, **no?**[30]

Bianca: Ma vi rendete conto della fortuna di vivere in un paese così multietnico come l'Australia? Per me è un grande privilegio!

Emanuel: **Non abbiamo che l'imbarazzo della scelta**[31] tra pizza, kebab, pane libanese, goulash, noodles, **involtini primavera,**[32] laksa, sushi, sashimi, moussaka e **chi più ne ha più ne metta**.[33]

Erika: È vero! Pensate come sarebbe l'Australia senza tutte queste cucine diverse, mangeremmo ancora pesce e patatine fritte tutti i giorni....

---

26 **nel giro di**: in the course of
27 **sfaccettata**: multi-faceted, many-sided
28 **aprirsi**: to open up to
29 **scegliere il meglio di**: to choose the best of
30 **no?**: true?
31 **non abbiamo che l'imbarazzo della scelta**: we have so much to choose from
32 **involtini primavera**: spring rolls
33 **chi più ne ha più ne metta**: you name it / so on and so forth / the list is endless

CAPITOLO DICIANNOVESIMO

Gli esami sono finiti... che sollievo!

11 *Novembre, ultimo giorno di esami. I ragazzi **tirano un sospiro di sollievo**,[1] ma hanno sentimenti contrastanti. Sono felici e tristi allo stesso tempo. S'incontrano nel bar all'angolo a pochi metri dalla scuola, dove per molti anni hanno comprato merendine e gelati. Il bar che li ha visti passare dall'età infantile a quella di adulti. Il bar dove hanno riso e qualche volta **hanno condiviso**[2] paure e preoccupazioni. Cominciano a programmare la loro lunga e **meritata**[3] vacanza.*

Christian: Non mi sembra vero... la scuola per noi è veramente finita... vi rendete conto, ragazzi? Un capitolo della nostra vita **si è chiuso**[4] per sempre....

Luca: Eh già... aspettavo tanto questo momento, ma ora quasi quasi mi sento un po' triste....

Robert: Ma cosa dici... io sono felicissimo.... Appena arrivo a casa voglio buttare tutti i libri, anzi farò un bel **falò**[5] in giardino....

David: Anch'io pensavo di fare la stessa cosa, ma adesso non ne sono più tanto sicuro.... Non so, penso che **mi mancheranno**[6] molte cose di questi anni di scuola....

Luca: Io non li dimenticherò mai. Per me sono stati degli anni bellissimi.

Robert: Ricordo ancora il mio primo giorno di scuola... **avevo una fifa**....[7]

Luca: Mia madre ha fatto delle fotografie, David ed io eravamo i più bassi di tutti, anzi io ero persino più basso di David....

David: Eravamo **piccoli di statura**[8] ma... non di testa... vero Luca?

Luca: Ricordo quando Adrian Jensen, il ragazzo più alto della nostra classe, **si è messo in ginocchio**[9] davanti a me e ha detto: "Ecco, adesso tu puoi dire di essere alto quanto me!" Ed io gli ho detto: "Che c'è, **mi prendi in giro**[10] perché sono basso? È vero, io sono basso, ma ho qualche speranza di diventare alto. Tu invece, non sei intelligente, non sei nato intelligente e non hai alcuna speranza di diventare

---

1 **tirano un sospiro di sollievo**: they breathe a sigh of relief
2 **hanno condiviso**: shared
3 **meritata**: well deserved
4 **si è chiuso**: it is over
5 **falò**: bonfire
6 **mi mancheranno**: I will miss
7 **avevo una fifa**: I was so scared / I had the jitters
8 **piccoli di statura**: small in stature/height
9 **si è messo in ginocchio**: he went down on his knees / he knelt down
10 **mi prendi in giro**: are you teasing me

intelligente...." **Non ha più osato**[11] dirmi niente. Adrian era un **attaccabrighe**...[12] **nessuno lo poteva soffrire,**[13] ma **era colpa sua.**[14]

Christian: Ah ah ah! Me lo ricordo questo episodio. Quella volta sei stato un campione, Luca!

Lorenzo: Eh sì, quante cose abbiamo fatto insieme.... Vi ricordate quando siamo andati la prima volta in campeggio, le nostre mamme avevano messo tanti vestiti nei nostri **zaini**[15] e invece noi siamo ritornati con la stessa roba con cui eravamo partiti? Non ci siamo cambiati per tre giorni....

Luca: Io avevo la faccia e le mani nere come il carbone. Ritornando a casa in macchina mia madre ha tenuto giù i finestrini per la troppa puzza. Continuava a ripetere: **"Che incosciente!**[16] Ti prenderai una malattia infettiva!" Quando siamo arrivati a casa voleva mettermi nella lavatrice insieme con i panni sporchi. Mi ha detto che puzzavo come un maialino....

Christian: Io invece ricordo quando eravamo nell'anno dieci, durante **un ritiro spirituale,**[17] mentre eravamo seduti intorno al fuoco sulla spiaggia, il professore ci ha chiesto di parlare dei nostri problemi. Un ragazzo dell'anno dodici si è alzato ed ha detto che quando aveva circa quattordici anni aveva pensato di essere 'diverso.' Tutti i ragazzi **si sono messi a ridere,**[18] ma tu, Luca, ti sei alzato e gli hai detto davanti a tutti che apprezzavi il suo coraggio di dire una cosa così personale e che aveva dato una bella lezione a tutti noi....

Luca: Sì, alcuni giorni dopo il professore ha mandato una lettera ai miei congratulandosi per il mio intervento. Mia madre era in lagrime e mi ha detto: "Luca, sono così orgogliosa di te!" Quella è stata la prima, ma anche l'ultima volta, che è stata orgogliosa di me.... No, sto scherzando.... Me lo ha detto tante altre volte....

---

11 **non ha più osato**: he never dared again
12 **attaccabrighe**: trouble maker
13 **nessuno lo poteva soffrire**: nobody could stand him
14 **era colpa sua**: it was his fault
15 **zaini**: backpacks
16 **che incosciente**: how irresponsible
17 **un ritiro spirituale**: a retreat
18 **si sono messi a ridere**: they started laughing

Lorenzo: Ehi ragazzi, abbiamo appena finito la scuola e ne abbiamo già nostalgia. Stiamo diventando troppo sentimentali. Fra poco cominciamo a piangere e a strapparci i capelli.... Anche a me dispiace un po' di aver finito la scuola, però penso di essere pronto per cominciare un altro stadio della mia vita. Adesso è arrivato il momento di pensare ad altro: all'università, a viaggiare, a divertirci. A proposito quando cominciamo a programmare la nostra vacanza?

త

Seconda parte

Robert: Eh già... ragazzi, cosa aspettiamo? **Chi dorme non piglia pesci.**[19] Allora, dove andiamo?

Luca: Dunque, vediamo... avremo in tutto due mesi, giusto? Possiamo fare Inghilterra, Francia, Spagna e Italia. Dovremmo considerare almeno un mese in Italia, così potremo praticare l'italiano che abbiamo imparato a scuola e poi dieci giorni in ognuno degli altri tre paesi. Cosa ne dite?

Robert: *Okay*, sono d'accordo. Data di partenza: seconda settimana di gennaio.... Non vedo l'ora di partire... Parigi, Londra, Barcellona, Roma, Venezia, Firenze, **la culla**[20] del Rinascimento italiano.... Sto sognando ad occhi aperti. Pensate... per me sarà il mio primo viaggio fuori dell'Australia.... Non sono mai stato su un aereo.... **Non sto nei miei panni dalla felicità**....[21]

Christian: Luca, **tu farai da cicerone, vero**?[22] Sei quello che parla italiano meglio di tutti noi....

Luca: Peccato che mia madre non pensi la stessa cosa. Beh! Posso fare da cicerone a Firenze, **la conosco come le mie tasche**[23] perché i miei nonni vi hanno un appartamento e quando andiamo a Firenze alloggiamo da loro. A proposito gli chiederemo di usarlo, mentre saremo lì. Non è nel centro di Firenze ma è servito molto bene dai mezzi pubblici. Vedrete che meraviglia! Andremo in Piazza della Signoria,

---

19 **chi dorme non piglia pesci**: the early bird catches the worm. (lit. He who sleeps doesn't catch any fish)
20 **la culla**: the cradle
21 **non sto nei miei panni dalla felicità**: I'm beside myself with joy
22 **tu farai da cicerone, vero?**: you'll show us around, won't you?
23 **la conosco come le mie tasche**: I know it like the back of my hand

saliremo sul Campanile di Giotto a vedere i tetti con le tegole di terracotta dei palazzi di Firenze, vedremo il Davide di Michelangelo, andremo a prenderci il gelato al Piazzale Michelangelo da dove si vede tutta la città. Attraverseremo Ponte Vecchio con tutte le gioiellerie e i piccoli negozietti.... Andremo al mercato di San Lorenzo dove si può comprare un po' di tutto e **a buon mercato**.[24]

Lorenzo: Sì, sì, quante belle cose... ma senti, Luca, non stai dimenticando qualcosa molto importante? Dì un po', le ragazze fiorentine come sono?

Luca: Garantisco, sono la fine del mondo, da togliere il respiro. I miei cugini Luigi, Alessandra e Lorenzo vivono a Firenze, ci faranno sicuramente conoscere i loro amici, ci porteranno in qualche discoteca... e... con un po' di fortuna... possiamo sperare in qualche incontro galante....

Lorenzo: Aaaaaaahhhh, finalmeeeente parliamo di cose serie! Dì ai tuoi cugini di avvertire le loro amiche, quelle belle, **s'intende**,[25] che stanno per arrivare *the best guys from Down Under.*

David: Uuh! Che modesto.... Lorenzo, ma è possibile che tu non pensi ad altro? Appena si parla di ragazze cominci ad agitarti.... Sentite, bisognerà parlare dei dettagli di questa benedetta vacanza. Facciamo una cosa, domani fate un salto a casa mia e ne parliamo con calma. **Una volta che**[26] avremo deciso l'itinerario andremo in un'agenzia di viaggi per scegliere le date, la compagnia area e avere un'idea dei costi....

Luca: Già... i costi... è un dettaglio a cui non avevo... pensato.... Chissà quanto costerà una vacanza del genere... Parigi, Londra, Barcellona, Roma... costerà un occhio della testa... dove li troveremo i soldi.... Mia madre ha detto che pagherà solo per il biglietto aereo. Al resto devo pensarci io... devo cominciare a risparmiare la mia **paghetta settimanale**,[27] e non sarà neanche sufficiente....

---

24 **a buon mercato**: cheaply
25 **s'intende**: of course / it goes without saying
26 **una volta che**: once
27 **paghetta settimanale**: weekly pocket money

Lorenzo: Abbiamo due mesi di tempo... dobbiamo cercare un lavoro. Io con i lavoretti che ho fatto fino ad ora **ho messo da parte**[28] circa duecento dollari.

Luca: Uhhh! Ti puoi considerare ricco... io **sono** completamente **al verde**....[29]

Robert: A chi lo dici... io **non ho il becco di un quattrino**,[30] ma... non dobbiamo **mica**[31] andare negli alberghi a cinque stelle, ci sono tanti ostelli per la gioventù e *backpackers* che costano pochissimo....

Christian: E poi **male che vada**[32] VOI potete sempre lavare i piatti o lavorare come camerieri nei ristoranti....

Robert: Ah! NOI... possiamo lavare i piatti eccetera eccetera e... TU?

Christian: Beh! IO vi guardo, mentre li lavate....

David: Poi però ti mandiamo a dormire sotto i ponti... ah ah ah! **Occhio per occhio, dente per dente**....[33]

Luca: Ragazzi, in un modo o nell'altro sopravvivremo. Saremo tutti nella stessa barca! La cosa più importante è non dimenticare mai il nostro motto "Tutti per Uno, Uno per tutti."

Tutti all'unisono gridano
"Tutti per Uno. Uno per tutti."

---

28 **ho messo da parte**: I saved / I put aside
29 **sono al verde**: I'm in the red / I'm broke
30 **non ho il becco di un quattrino**: I don't have a cent
31 **mica**: at all
32 **male che vada**: if worst comes to worst
33 **occhio per occhio, dente per dente**: an eye for an eye, a tooth for a tooth

Eserciziario

Uffa!

Eserciziario

CAPITOLO PRIMO – Uffa! Non ne posso più!

A. Scegli la frase giusta.

1. Luca a casa con la madre parla **A** di politica. **B** di sport.
C di un po' di tutto. **D** di niente.

2. Per Luca la matematica **A** è facilissima. **B** è molto difficile.
C non è piacevole. **D** non è la materia in cui eccelle.

3. Luca dice a sua madre che **A** è sempre contento di studiare.
B non studia mai volentieri. **C** è già stufo di studiare.
D non vuole smettere di studiare.

4. La madre è dalla parte **A** di Luca. **B** dei professori.
C di entrambi. **D** di nessuno dei due.

5. Bianca, la ragazza appena arrivata dall'Italia, è
A fiorentina. **B** milanese. **C** romana. **D** torinese.

6. Bianca **A** ha la stessa età di Luca. **B** non è molto più grande di Luca.
C è più giovane di Luca. **D** non dice la sua età.

B. Rispondi alle seguenti domande con una risposta completa.

1. Chi è Luca?_____

_____

2. Qual è lo stato d'animo (*the state of mind*) di Luca al suo ritorno a casa
da scuola?_____

_____

3. Che tipo di conversazione ha Luca con sua madre? _____

_____

4. Com'è andato Luca in matematica?_____

_____

5. Con chi è arrabbiato Luca?_____

_____

6. Come reagisce la madre?_____

_____

7. La madre parla di una novità, di cosa si tratta?_____

_____

8. Di dov'è Bianca e chi conosce?_____

_____

9. Che cosa faceva Bianca con le cugine di Luca?_____

_____

10. La madre come descrive Bianca?_____

_____

11. Perché Bianca è andata a vivere in Australia?_____

_____

12. Luca e sua madre hanno gli stessi gusti?_____

_____

C-1. Trasforma i seguenti dialoghi da discorso diretto in discorso indiretto, secondo l'esempio. (*Vedi nota didattica a pag. 123)

La mamma dice a Luca: "Non avrai mai la mia comprensione e, quando ti lamenti dei tuoi professori, io non sarò mai dalla tua parte."

La mamma dice a Luca **_che_** _non_ **_avrà_** _mai la_ **_sua_** _comprensione e, quando_ **_si lamenta_** _dei_ **_suoi_** _professori,_ **_lei_** _non_ **_sarà_** _mai dalla_ **_sua_** _parte._

1. Luca dice a sua madre: "Sei la solita pessimista... se proprio vuoi saperlo, in matematica sono andato benissimo, ho preso quattordici su venti, che per me è quasi un miracolo!"

_____

_____

2. La mamma risponde: "Sono contentissima, ma ti prego di non farmi stare sulle spine."

_____

_____

3. Luca dice a sua madre: "I miei professori mi danno troppi compiti. Siamo solo all'inizio dell'anno scolastico e ne ho già le tasche piene dello studio."

_____

_____

4. La mamma risponde: "Siamo alle solite... queste cose non le voglio sentire."

_____

_____

5. La mamma dice a Luca: "Non ci crederai, quando ti dirò che cosa mi è successo oggi."

_____

_____

6. Luca dice a sua madre: "Io non sono molto alto e non mi piace quando le ragazze sono più alte di me."

_____

_____

7. La mamma risponde: "Non devi preoccuparti perché Bianca non è più alta di te e sicuramente ti piacerà."

_____

_____

8. Luca dice: "Sono molto curioso di conoscerla, anche se... non mi fido dei gusti di mia madre!"

_____

_____

C-2. Se l'insegnante lo ritenesse possibile, potrebbe chiedere agli studenti di mettere i verbi dei dialoghi precedenti nei tempi passati, secondo l'esempio. (*Vedi nota didattica a pag. 134)

La mamma dice a Luca: "Non avrai mai la mia comprensione e, quando ti lamenti dei tuoi professori, io non sarò mai dalla tua parte."

La mamma **ha detto** _a Luca che non_ **avrebbe mai avuto** _la sua comprensione e che, quando_ **si sarebbe lamentato** _dei suoi professori, non_ **sarebbe mai stata** _dalla sua parte._

D. Unisci le frasi a destra con quelle a sinistra.

1. Luca ha _un'aria stanca_ perché	**a.** i suoi compagni di scuola la capiscono.
2. La madre dice che _sono alle solite_ perché	**b.** vuole essere ironico.
3. Luca dice che la matematica non è il _suo forte_ perché	**c.** i professori gli danno troppi compiti.
4. Luca ha le _tasche piene dello_ studio perché	**d.** ha studiato troppo.
5. Luca usa l'espressione '_una perla di ragazza_' perché	**e.** Luca si lamenta sempre.
6. Bianca _se la cava_ con l'inglese perché	**f.** non è molto bravo in questa materia.

E. Scegli sei espressioni idiomatiche nel dialogo e riscrivi una frase con ciascuna di esse.

1._____
_____

2._____
_____

3._____
_____

4._____
_____

5._____
_____

6._____
_____

F. Scrivi sei risposte alla seguente domanda: "Perché studi un'altra lingua?"

Es: Studio un'altra lingua perché m'interessano le culture di altri paesi...

1._____
_____

2._____
_____

3._____
_____

4._____
_____

5._____
_____

6._____
_____

G. Parliamo e scriviamo.

A. Descrivi le tue impressioni sul rapporto tra Luca e sua madre: come si comporta Luca e che atteggiamento ha sua madre verso di lui.

B. Scrivi un dialogo tra te e la persona che normalmente trovi a casa, quando torni da scuola.

NOTE DIDATTICHE

Note on page 14 the expression **"Non farmi stare sulle spine"**

When the verb **fare** is followed by the infinitive of another verb it means *to have something done or to make/have someone do something.*

Examples:
Maria **fa decidere** sempre suo marito.
*Maria always **makes** her husband decide.*

I ragazzi **fanno preoccupare** i loro genitori.
*Kids **make** their parents worry.*

Carla **farà riparare** la macchina immediatamente.
*Carla **will** immediately **have** the car repaired.*

Il nostro capo ci **fa lavorare** troppo.
*Our boss **makes** us **work** too hard.*

Note that the verb **fare** can be followed by the infinitive of the verb **fare**.

Ho fatto fare colazione ai bambini.
*I **made** the children **have** breakfast.*

Il mio dottore mi **ha fatto fare** un sacco di controlli.
*My doctor **made** me **have lots** of check ups.*

Here is a list of idiomatic expressions with the verb fare + infinitive of another verb.

far (e) arrabbiare	to make (someone) angry
far (e) impazzire	to drive (someone) crazy
far (e) aspettare	to keep (someone) waiting
far (e) scendere	to let (someone/something) go down
far (e) entrare/uscire	to let in/out
far (e) pagare	to let (someone) pay, to charge
far (e) osservare	to point attention to/to point out
far (e) sapere	to inform, to make (someone) aware
far (e) vedere	to show
far (e) notare	to point out
far (e) rispettare	to make someone respect someone or something (e.g. the law)

When the reflexive form **farsi** is followed by the infinitive of another verb, it means to have something done or to make/have someone do something to oneself.

farsi vedere	to show up
farsi rispettare	to get respect
farsi notare	to be noticed
farsi vivo/a	to show up

NOTE DIDATTICHE

Note on page 16 the expression **"È un peccato che lei sembri..."** *(It's a pity (shame) that she looks...)*

Some impersonal expressions indicating judgements (approval, disapproval, incredulity, surprise, necessity, possibility, preoccupation, disappointment, etc.) require the subjunctive.

Here is a list of the most common impersonal expressions:

è meglio che	**è meglio che** tu **venga** domani
è importante che	**è importante che** Michele **sia presente** alla cerimonia
è sufficiente che	**è sufficiente che** Marta e Gianni **comprino** un piccolo regalo
è incredibile che	**è incredibile che sia successa** una cosa così grave
è possibile che	**è possibile che** la lezione **cominci** tardi
è impossibile che	**è impossibile che** Marco **superi** l'esame
è probabile che	**è probabile che** Maria e Mario **si sposino** il prossimo anno
è improbabile che	**è improbabile che** Giorgia **finisca** il lavoro entro domani
è utile che	**è utile che** tu **partecipi** alla conferenza
è inutile che	**è inutile che** suo padre lo **rimproveri** continuamente
è assurdo che	**è assurdo che** tu non **abbia studiato** prima degli esami
è normale che	**è normale che** lei **si comporti** in quel modo
è necessario che	**è necessario che** tu **paghi** il conto in anticipo
è inconcepibile che	**è inconcepibile che** Alessandra **risponda** così a sua madre
è naturale che	**è naturale che** voi **vi siate** offesi
è logico che	**è logico che non vogliano** più venire a casa nostra
è inevitabile che	**è inevitabile che** tu **vada** dal dottore
è bene che	**è bene che** oggi Francesca **stia** a casa
è vergognoso che	**è vergognoso che** Marco non **si sia** ancora **laureato**
è strano che	**è strano che** Valeria non **abbia telefonato**
è giusto che	**è giusto che** voi **abbiate vinto** il trofeo
è facile che	**è facile che** Marco **prenda** un buon voto
è difficile che	**è difficile che** Virginia **arrivi** prima nella gara
è da escludere che	**è da escludere che** un giovane **possa comprare** una casa oggigiorno
è comprensibile	**è comprensibile che** Francesca non **abbia accettato** l'invito

NOTE DIDATTICHE

Note on page 16 the expression **"se la cava"** (*she can manage/cope...*)

The infinitive is **cavarsela** and it is conjugated as follows:

Presente Indicativo	Passato Prossimo
Io me la cavo	Io me la sono cavata
Tu te la cavi	Tu te la sei cavata
Lui/lei se la cava	Lui/lei se l'è cavata
Noi ce la caviamo	Noi ce la siamo cavata
Voi ve la cavate	Voi ve la siete cavata
Loro se la cavano	Loro se la sono cavata

Here are some examples:

Io in matematica non sono molto bravo, ma **me la sono** sempre **cavata**.
*I'm not very good at math. However, **I've** always **coped**.*

Quando i miei genitori vanno in Francia, **se la cavano** con il francese che hanno imparato a scuola tanti anni fa.
*When my parents go to France, **they manage** with the French they learned at school so many years ago.*

Vedrai che Marco a scuola **se la caverà** sempre, sebbene non sia molto studioso.
*You'll see that Marco **will** always **cope** at school although he is not very studious.*

Quando mia sorella ed io siamo andate in Inghilterra, **ce la siamo cavata** molto bene, nonostante non avessimo molti soldi.
*When my sister and I went to England, **we managed** very well although we did not have enough money.*

Eserciziario
CAPITOLO SECONDO – Una telefonata

A. Scegli la frase giusta.

1. La sorella di Lorenzo piange perché [A] piange ogni pomeriggio. [B] ha troppi compiti. [C] non sa fare il compito da sola. [D] non ha finito il compito.

2. Lorenzo è arrabbiato perché [A] sua sorella non vuole aiutarlo. [B] ha un compito di matematica difficile. [C] deve aiutare sua sorella. [D] non capisce la matematica.

3. Luca è invidioso di Lorenzo perché [A] non ha una sorella come Lorenzo. [B] la madre di Lorenzo è fuori di casa. [C] Lorenzo non litiga mai con sua sorella. [D] la sorella aiuta Lorenzo con la matematica.

4. Secondo Luca, alcune ragazze italiane [A] sono semplici. [B] sono presuntuose. [C] sono superficiali. [D] hanno il naso piccolo.

5. Luca vuole invitare Bianca [A] ad uscire con lui. [B] a vedere un film. [C] a cena insieme con gli amici. [D] ad una cena a lume di candela.

6. Luca è gentile con sua madre perché [A] vuole chiederle di guardare la partita. [B] vuole aiuto con i verbi irregolari. [C] gli ha preparato la merenda. [D] gli permette di guardare la partita.

B. Rispondi alle seguenti domande con una risposta completa.

1. Perché Luca parla piano al telefono?_____

_____

_____

2. Luca che consiglio dà a Lorenzo?_____

_____

_____

3. Perché Lorenzo ha tanta fretta?_____

_____

_____

4. Perché Luca pensa di essere sfortunato?_____

_____

_____

5. Perché Lorenzo accetta il consiglio di Luca?_____

_____

_____

6. Per quale motivo Luca ha telefonato a Lorenzo?_____

_____

_____

7. Perché improvvisamente Lorenzo non ha più fretta?_____

_____

_____

8. Luca che cosa propone a Lorenzo?_____

_____

_____

9. Luca ottiene quello che vuole da sua madre?_____

_____

_____

10. Che cosa pensa Luca tra sé e sé?_____

_____

_____

C-1. Trasforma i seguenti dialoghi da discorso diretto in discorso indiretto.

1. Luca dice a Lorenzo: "Ti telefono velocemente perché ho una cosa importante da dirti."

_____

_____

2. Luca dice a Lorenzo: "Non capisco perché ti preoccupi visto che sei bravo in matematica e non sei una frana come me."

_____

_____

3. Lorenzo risponde a Luca: "Sono nervoso perché, fra meno di mezz'ora, comincia la partita e non ho intenzione di perdermi neanche un minuto."

_____

_____

4. Luca dice a Lorenzo: "Mia madre mi strangola se prendo in mano il telecomando, perché devo ripetere con lei i verbi irregolari."

_____

_____

5. Lorenzo dice a Luca: "Farò subito il compito a mia sorella e poi guarderò la partita in santa pace."

_____

_____

6. Luca dice a Lorenzo: "Appena riesco a parlare con Bianca, organizzo una cena nella nostra pizzeria preferita."

_____

_____

C-2. Se l'insegnante lo ritenesse possibile, potrebbe chiedere agli studenti di mettere i verbi dei dialoghi precedenti nei tempi passati.

D. Unisci le frasi a sinistra con gli aggettivi corrispondenti a destra e scopri che tipo sei.

1. se per te il bicchiere è sempre mezzo pieno, sei	**a.** disattento/a
2. se per te il bicchiere è sempre mezzo vuoto, sei	**b.** disordinato/a
3. se non arrivi mai in orario agli appuntamenti, sei	**c.** testardo/a
4. se arrivi sempre in orario, sei	**d.** disorganizzato/a
5. se combini sempre dei pasticci, sei	**e.** ordinato/a
6. se per te tutto va sempre male, sei	**f.** introverso/a
7. se di te la gente non si fida, sei	**g.** estroverso/a
8. se la tua stanza è sempre sottosopra, sei	**h.** catastrofico/a
9. se non hai paura di niente, sei	**i.** goloso/a
10. se non hai il senso dell'organizzazione, sei	**l.** ottimista
11. se non ammetti mai i tuoi errori, sei	**m.** inaffidabile
12. se ti piace studiare, sei	**n.** pessimista
13. se non presti attenzione in classe, sei	**o.** coraggioso/a
14. se ti piace parlare con la gente, sei	**p.** casinista
15. se non parli volentieri con la gente, sei	**q.** diligente
16. se non ti piace studiare, sei	**r.** puntuale
17. se la tua stanza è sempre perfetta, sei	**s.** ritardatario/a
18. se ami troppo il cibo, sei	**t.** negligente

E. Scegli sei espressioni idiomatiche nel dialogo e scrivi una frase con ciascuna di esse.

1._____

_____

2._____

_____

3._____

_____

4._____

_____

5._____

_____

6._____

_____

F. Scrivi sei frasi usando le parole: "telefonare," "a qualcuno," "per...." Ricordati di usare soggetti e tempi diversi.

Es: Ieri ho telefonato al mio amico per invitarlo ad andare al cinema.
   Maria telefonerà alla dottoressa per prendere un appuntamento.

1._____

_____

2._____

_____

3._____

_____

4._____

_____

5._____

_____

6._____

_____

G. Parliamo e scriviamo.

A. Che cosa rappresenta per te lo studio? Pensi che, oltre allo studio, ci siano altre cose importanti? Motiva le tue affermazioni con degli esempi.

B. Scrivi un dialogo tra te e un amico/un'amica per convincerlo/la a non andare al cinema, perché dovete studiare per un esame importante.

NOTE DIDATTICHE

Note on page 19 the expression **"Ti lascio andare"** (*I'll let you go!*)

When the verb **lasciare** is followed by the infinitive of another verb it means: *to let, permit, allow.*

La mia professoressa **mi ha lasciato esprimere** la mia opinione.
*My professor **allowed me to express** my opinion.*

Lasciami spiegare tutto! – **Let me explain** *everything!*

Mara non **ci ha lasciato aiutarla.** – *Mara **did** not **allow us to help her.***

Non **gli lascio** mai **usare** il mio computer.
*I never **permit him to use** my computer.*

The construction of the verb **lasciare** + the infinitive of another verb can be replaced by the following construction: **lasciare + che + subjunctive.**

Lasciamo fare a Mario tutto quello che vuole.
Lasciamo che Mario **faccia** tutto quello che vuole.
***We let** Marco **do** anything that he wants.*

Marco non **mi ha mai lasciato dire** la verità.
Marco non **ha mai lasciato che** io **dicessi** la verità.
*Marco **has never let me tell** the truth.*

Il padre non **lascia mai uscire** la figlia, quando è buio.
Il padre non **lascia mai che** la figlia **esca**, quando è buio.
*The father **never lets** the daughter **go out** when it is dark.*

NOTE DIDATTICHE

The verb **lasciare** is used in several idiomatic expressions:

lasciar(e) andare
Per favore, Maria, lascia andare! – *Please, Maria, forget it!*

lasciar(e) fare
Ragazzi, lasciate fare a noi! – *Boys, leave it to us!*

lasciar(e) stare
Lasciamo stare! – *Let's drop it!*
Lasciami stare! – *Leave me alone!*

lasciar(e) perdere
Marco, lascia perdere! – *Marco, forget it!*

The reflexive form **lasciarsi** also can be followed by the infinitive of another verb and it means *to let oneself.*

Carla e Lia **si sono lasciate andare.**
*Carla and Lia **have let** themselves **go**.*

Giorgio ed io **ci lasciamo convincere** facilmente.
*Giorgio and I **let** ourselves **be** easily **persuaded**.*

Stefania non **si lascia più vedere** alle nostre riunioni.
*Stefania **does not turn up** anymore to our meetings*

It is also used as a reciprocal verb.

Mara e suo marito **si sono lasciati** due anni fa.
*Mara and her husband **separated** two years ago.*

Quando **ci siamo lasciati**, eravamo molto tristi.
*When we **parted**, we were very sad.*

Eserciziario
CAPITOLO TERZO – Ancora al telefono

A. Scegli la frase giusta.

1. Bianca dice a Luca che su di lui ha sentito **A** cose positive.
B cose negative. **C** cose ingiuste. **D** cose false.

2. Bianca non può uscire venerdì perché **A** non ha voglia di uscire.
B deve studiare. **C** non vuole deludere i suoi genitori. **D** ha comprato
i biglietti per il cinema.

3. Luca promette di andare a prendere Bianca solo se **A** non avrà
finito la benzina. **B** i genitori gli permetteranno di guidare. **C** la madre
non avrà bisogno della macchina. **D** prenderà subito la patente di guida.

4. Secondo Luca, chi è più comprensivo? **A** suo padre **B** sua madre
C nessuno dei due **D** tutti e due

5. Bianca dice a Luca di non vedere l'ora di **A** andare a teatro con
i suoi genitori. **B** mangiare una pizza. **C** finire i compiti entro un'ora.
D incontrarlo personalmente.

6. Luca dice a Lorenzo che Bianca sembra una ragazza **A** sveglia.
B simpatica. **C** alla mano. **D** tutte e tre queste definizioni.

B. Rispondi alle seguenti domande con una risposta completa.

1. Chi ha parlato a Bianca di Luca?_____
_____
_____

2. Cosa sa già Bianca di Luca?_____
_____
_____

3. Perché Luca è sorpreso quando Bianca dice di avere già un impegno?
_____
_____

4. Perché Bianca non può dire ai suoi genitori che preferirebbe andare in
pizzeria con gli amici?_____
_____
_____

5. Che cosa pensa Luca del suo modo di guidare?_____

_____

_____

6. Cosa cercherà di fare Luca con i suoi genitori?_____

_____

_____

7. Che giorno e a che ora Luca e Bianca decidono di vedersi?_____

_____

_____

8. Perché Luca chiede a Lorenzo di non essere impaziente?_____

_____

_____

C-1. Trasforma i seguenti dialoghi da discorso diretto in discorso indiretto.

1. Bianca dice a Luca: "Ho sentito un po' di cose su di te."

_____

_____

2. Luca dice a Bianca: "Ti ho telefonato per invitarti a mangiare una pizza con i miei amici."

_____

_____

3. Bianca risponde a Luca: "Mi dispiace, ma ho già un altro impegno."

_____

_____

4. Bianca dice: "I miei genitori hanno comprato i biglietti per il teatro e non posso dire che ho cambiato idea."

_____

_____

5. Bianca chiede a Luca: "Vieni a prendermi a casa mia?"

_____

_____

6. Luca risponde: "Vengo a prenderti con la macchina, se i miei mi danno il permesso di guidare."

_____

_____

7. Luca aggiunge: "Ho preso la patente la settimana scorsa, guido benissimo e sono molto prudente."

_____

_____

8. Lorenzo dice a Luca: "Cercherò di non essere troppo impaziente e aspetterò con calma fino a sabato sera."

_____

_____

C-2. **Se l'insegnante lo ritenesse possibile, potrebbe chiedere agli studenti di mettere i verbi dei dialoghi precedenti nei tempi passati.**

D. Rileggi il brano e riempi gli spazi vuoti scegliendo tra le parole sottoelencate. Attenzione: ci sono tre parole estranee.

| appena questo meno libera che già spiritoso sentire prendermi |
| insegna che farai non per questa chi comprato problema essere |
| idea te parlare sacco niente miei che bello |

Luca: Pronto, vorrei [1]_____ con Bianca, per favore...

Bianca: Sono io, [2]_____ parla?

Luca: Sono Luca, il figlio della prof d'italiano che [3]_____ nella tua scuola.

Bianca: Ah! Ciao Luca, ho sentito un [4]_____ di cose su di te.

Luca: Ah sìiii? Non sapevo di [5]_____ famoso... e, sentiamo, che t'hanno detto di me? Scommetto [6]_____ mia madre...

Bianca: Sì, sì, la tua mamma mi ha parlato a lungo di [7]_____, mi ha detto che sei carino, simpatico, brillante, intelligente, [8]_____....

Luca: Eeee... [9]_____altro...? Eh! La mia mamma... senti Bianca, ti ho telefonato [10]_____ invitarti a mangiare una pizza con me e i

[11]_____amici venerdì sera, ti va?

Bianca: Sì, [12]_____bello! Volentieri... oh! No, mannaggia! Parli di
[13]_____venerdì, vero?

Luca: Sì, sì, venerdì di [14]_____ settimana...

Bianca: Che peccato! No, venerdì purtroppo non posso, ho [15]_____ un
altro impegno, mi dispiace!

Luca: Caspita! Sei [16]_____ arrivata a Sydney e hai già tanti
impegni.... Cosa farai di [17]_____?

Bianca: Credimi, ne farei volentieri a [18]_____! Devo andare con i miei
genitori a [19]_____ un concerto di musica classica all'Opera House.
Che barba... hanno già [20]_____ i biglietti, non posso dire che ho
cambiato [21]_____. Sarebbero molto delusi se non andassi.

Luca: Va bene, capisco... non è un [22]_____, possiamo fare per
sabato sera allora, sei [23]_____?

Bianca: Sì, sabato sono libera, vieni a [24]_____ tu?

**E. Scrivi almeno sei frasi con "Mi dispiace, non posso accettare il tuo
invito perché...." Usa soggetti e tempi diversi.**

*Es: Mi dispiace, Maria, non posso venire alla tua festa perché non sto bene.
Grazie ugualmente dell'invito.*

1._____

_____

2._____

_____

3._____

_____

4._____

_____

5._____

_____

6._____

_____

F. Parliamo e scriviamo.

A. Se ti trovassi nella situazione di Bianca, saresti capace di dire ai tuoi genitori che preferiresti andare con i tuoi amici? Come ti giustificheresti? Spiega la tua risposta.

B. Scrivi un dialogo tra te e i tuoi genitori in cui spieghi che purtroppo non puoi uscire con loro, perché hai appena ricevuto un invito ad uscire con i tuoi amici. Spiega i motivi per cui non puoi rinunciare a questo invito.

NOTE DIDATTICHE

Note that when passing from **"discorso diretto"** to **"discorso indiretto,"** we need to change the verbs, (which will always be in the third person), the personal pronouns, the possessive adjectives, (also in the third person) and some adverbs.

For example:
Io/tu   ⇨ lui/lei
Mario dice a Giorgia: "Quando **tu** compri il libro, **io** lo leggo volentieri."
Mario dice a Giorgia che quando **lei** compra il libro, **lui** lo legge volentieri.

Noi/voi ⇨ loro
The verbs change to the third person.
I ragazzi dicono: "**Noi andiamo** al mare ogni estate."
I ragazzi dicono che **loro vanno** al mare ogni estate.
La professoressa dice agli studenti: "**Voi dovete** studiare tutti i giorni."
La professoressa dice agli studenti che (**loro**) **devono** studiare tutti i giorni.

Some adverbs change as follows:
oggi	⇨	quel giorno
domani	⇨	il giorno dopo
ieri	⇨	il giorno prima
ora/adesso	⇨	allora
qui/qua	⇨	lì/là

The demonstrative and possessive adjectives change as follows:
questo/a	⇨	quello/a
questi/queste	⇨	quelli/quelle

mio/mia/miei/mie	⇨	suo/sua/suoi/sue
tuo/tua/tuoi/tue	⇨	suo/sua/suoi/sue
nostro/nostra	⇨	loro
nostri/nostre	⇨	loro

The verb **venire** becomes **andare**.
Giorgio dice a Elena: "**Vengo** a studiare a casa **tua**."
Giorgio dice ad Elena che **va** a studiare a casa **sua**.

NOTE DIDATTICHE

Note on page 22 the expression **"Ti va?"** (*Do you feel like it?*)

When the verb **andare** is used in this context it means: *to feel like doing something/to wish to do something*

It is conjugated as follows:
mi va
ti va
gli/le va
ci va
vi va
gli va *or* va loro

If this expression is followed by another verb, this will have to be in the infinitive form and it will be preceded by the preposition **di**.

Marco, **ti va di andare** al cinema?   Sì, **mi va** molto.
Ragazzi, **vi va di studiare**?   No, non **ci va affatto**.
Lisa, **ti va di fare** una torta?   No, non **mi va**.

Sometimes this expression can just be followed by a noun.

Paola, ti va **un gelato**?
Francesco, ti va **una pizza**?
Ragazzi, vi va **una bella passeggiata**?

Note on page 23 the expression **"Niente da fare"** (*nothing to do*).

There are several expressions with the same construction.
Here is a list of the most common ones:

Non abbiamo niente da studiare.	We have nothing to study.
Tu non hai niente da leggere.	You have nothing to read.
Loro non hanno niente da bere.	They have nothing to drink.
Voi non avete niente da dire.	You have nothing to say.
Avete tante cose da raccontare.	You have lots of things to tell us.
Non c'è niente da mangiare.	There is nothing to eat.
Non c'è niente da dire.	There is nothing to say.
Non c'è niente da fare.	There is nothing to do.
Non c'è niente da aggiungere.	There is nothing to add.

Eserciziario
CAPITOLO QUARTO –
Accesa discussione tra Luca e i suoi genitori: chi vincerà?

A. Scegli la frase giusta.

1. Secondo la madre, Luca non può guidare perché A non ha la patente. B la macchina ha un problema. C non è esperto. D deve compiere diciotto anni.

2. La madre ha un tono sarcastico verso A se stessa. B il marito. C Luca. D tutti.

3. Il padre chiede di A non parlare di cose del passato. B parlare di un vecchio episodio. C non bruciare cose del passato. D bere dell'acqua.

4. Luca è sorpreso perché A il padre guida male. B il padre è d'accordo con la madre. C la madre guida bene. D il padre porta tutti a fare un giro.

5. La madre si preoccupa quando Luca è in macchina con gli amici perché A non alza il volume della musica. B farà tardi ad una festa di compleanno. C la macchina non è molto veloce. D si distrae facilmente.

6. La madre fa una proposta che Luca A non accetta. B accetta, ma non è felice. C accetta volentieri. D accetta il giorno dopo.

B. Rispondi alle seguenti domande con una risposta completa.

1. Da quanto tempo ha preso la patente Luca?_____
_____
_____

2. Come guida Luca?_____
_____
_____

3. Che tipo di incidente stava per fare il padre di Luca in Italia?_____
_____
_____

4. Di che cosa si preoccupa Luca, se i genitori non gli permettono di guidare la macchina?_____
_____

5. Che cosa vuole dire Luca con l'espressione: "Che figura faccio con Bianca?"_____
_____

6. Secondo la madre, come può succedere un incidente?_____

_____

_____

7. Perché Luca non è d'accordo?_____

_____

_____

8. Cosa piace fare a Luca, quando guida?_____

_____

_____

9. Perché la madre di Luca ha preso due multe?_____

_____

_____

10. Che soluzione propone il padre per risolvere il problema?_____

_____

_____

11. Che alternativa propone la madre?_____

_____

_____

12. Cosa vuole dire Luca con l'espressione: "Non ci sto!"_____

_____

_____

C-1. Trasforma i seguenti dialoghi da discorso diretto in discorso indiretto.

1. La mamma dice a Luca: "Sei troppo inesperto e non puoi ancora guidare la macchina da solo."

_____

_____

2. Luca risponde: "Mio padre dice che io sono più bravo di te e guido molto meglio di te."

_____

_____

3. La mamma dice: "Io non ho mai fatto un incidente, ma non possiamo dire la stessa cosa di te."

_____

_____

4. Luca dice: "I miei amici mi prenderanno in giro se sapranno che i miei genitori non mi permettono di guidare...."

_____

_____

5. La madre dice: "Io ho un'altra soluzione, per questa volta potete andare con la macchina di Christian."

_____

_____

C-2. Se l'insegnante lo ritenesse possibile, potrebbe chiedere agli studenti di mettere i verbi dei dialoghi precedenti nei tempi passati.

D. Rileggi il brano e completa le frasi nella colonna A con quelle nella colonna B.

A	B
1. Hai preso la patente solo due settimane fa	**a.** per eccesso di velocità.
2. Quell'episodio è acqua passata	**b.** non ho alternative.
3. Come spiego ai miei amici che ho la patente	**c.** non finiremo mai di litigare.
4. Io mi ero illuso che almeno tu, papà,	**d.** mi telefoni e vengo a prendervi.
5. Quando sei in macchina con i tuoi amici	**e.** ti farò guidare tutte le volte che vuoi.
6. Ti piace premere l'acceleratore e...	**f.** e non hai ancora abbastanza esperienza.
7. Hai appena preso due multe	**g.** ...non rispetti i limiti di velocità.
8. Se andiamo avanti così	**h.** è successo tanto tempo fa.
9. Quando siete pronti per ritornare a casa,	**i.** ma i miei non mi permettono di guidare.
10. Ti prometto che fra qualche mese	**l.** fossi dalla mia parte.
11. Sai bene che io mantengo	**m.** ascoltate la musica ad alto volume.
12. Non va bene per niente ma	**n.** sempre le promesse.

E. Scrivi almeno sei frasi usando le parole "i genitori" "preoccuparsi" "se i figli...."

Es: I genitori si preoccupano se i figli escono tardi la sera.

1._____

_____

2._____

_____

3._____

_____

4._____

_____

5._____

_____

6._____

_____

F. Parliamo e scriviamo.

A. In Australia si può prendere la patente a diciassette anni, in Italia a diciotto, negli Stati Uniti dipende dagli Stati. Secondo te, qual è l'età più giusta? Spiega la tua risposta anche sulla base di esperienze personali.

B. Scrivi un dialogo tra te e i tuoi amici in cui parlate del problema dei giovani che guidano, dei rischi di incidenti gravi e spesso mortali tra gli adolescenti e delle loro cause.

NOTE DIDATTICHE

Note on page 28 the expression **"Non ci sto"** (*I do not agree*). It comes from the infinitive *starci*.

It is conjugated as follows:
Ci sto
Ci stai
Ci sta
Ci stiamo
Ci state
Ci stanno

When the verb **stare** is preceded by **'ci'** it means *to agree, to be willing*.

Marco, andiamo al cinema?
Sì, **ci sto**, mi sembra una buon'idea.

Mara, facciamo un salto in discoteca?
No, non **ci sto**. Sono troppo stanca.

Giorgio ed Elena, siete d'accordo con la mia decisione?
No, ci dispiace, non **ci stiamo**!

Eserciziario
CAPITOLO QUINTO –
Dopo tanta attesa, finalmente l'incontro: come sarà?

A. Scegli la frase giusta.

1. **Christian vuole catturare l'attenzione di Bianca** [A] vestendosi in maniera eccentrica. [B] usando i profumi di una ragazzina. [C] usando molto profumo. [D] mettendo gli occhiali da sole.

2. **Luca non è sicuro se indossare** [A] un paio di jeans. [B] una camicia invece di una maglietta. [C] un maglione a strisce azzurre e nere. [D] un berretto.

3. **Prima di uscire, Luca chiede a Christian se** [A] ha fatto il pieno di benzina. [B] il distributore di benzina è vicino. [C] ha sufficiente benzina. [D] è aumentato il prezzo della benzina.

4. **Luca e Christian, prima di andare via** [A] aggiustano il sedile della macchina. [B] salutano la mamma di Luca. [C] dimenticano il walkman. [D] chiedono dei soldi.

5. **La madre fa alcune raccomandazioni, ma Luca e Christian** [A] non possono sentirle. [B] vogliono ignorarle. [C] non vogliono sentirle. [D] sono già fuori.

6. **Bianca, quando si presenta ai ragazzi** [A] ha una maglietta rossa. [B] piace a tutti. [C] ha gli occhi azzurri. [D] è antipatica.

B. Rispondi alle seguenti domande con una risposta completa.

1. Perché Luca e Christian non hanno speranza di fare colpo su Bianca?_____

_____

_____

2. Perché Christian dice che Luca è un po' nervoso?_____

_____

_____

3. Perché Luca decide di indossare la camicia?_____

_____

_____

4. Perché Luca domanda se c'è benzina in macchina?_____

_____

_____

5. Che cosa raccomanda la madre a Luca e a Christian?_____

_____

_____

6. Quali aggettivi descrivono Bianca?_____

_____

_____

7. Che cosa propone Lorenzo?_____

_____

_____

8. Secondo te, perché Luca non è d'accordo con la proposta di Lorenzo?_____

_____

_____

9. Chi, secondo Lorenzo, decide sempre tutto?_____

_____

_____

10. Com'è l'atmosfera in pizzeria?_____

_____

_____

11. Chi paga per la pizza?_____

_____

_____

12. Cosa fanno i ragazzi dopo la pizza?_____

_____

_____

C. Confronta le parole sottolineate con le parole del brano.
Nota che questo esercizio è composto di due parti: C-1 e C-2

C-1.

Luca: Accidenti, Christian, che diamine hai <u>fatto</u>? Ti sei <u>rovesciato</u> l'intera bottiglia di profumo addosso? Profumi peggio di una ragazzina....

Christian: Voglio fare colpo su Bianca. Sono o non sono un *amante latino*...

Luca: Non ti <u>creare illusioni</u>, quando c'è Lorenzo noi due non abbiamo speranze.... A proposito, cosa mi consigli di <u>indossare</u>: questa maglietta rossa o questa camicia azzurra con le righe nere?

Christian: Luca, da quando in qua ti preoccupi di cosa mettere? Mi sbaglio o sei un po' nervoso.... Dì la verità che anche tu vuoi <u>risaltare agli occhi della ragazza italiana</u>....

Luca: <u>Finiscila</u> di dire le solite <u>stupidaggini</u>! Okay, ho deciso, mi metto la camicia, così mia madre non dice che sembro un <u>mendicante</u>... e che si vergogna davanti alle sue amiche.... A proposito, Christian, hai <u>sufficiente</u> benzina in macchina? L'ultima volta <u>siamo appena riusciti</u> ad arrivare <u>dal benzinaio</u> più vicino....

Christian: Ho fatto il pieno, <u>calmati</u>! Sei pronto?

Luca: Sì, sono pronto, andiamo!

Christian: Finalmente! Mamma mia, quanto tempo ci è voluto per diventare appena appena <u>decente</u>.... Se troviamo traffico rischiamo di arrivare in ritardo <u>a casa di</u> Bianca. Dai! Sbrighiamoci!

Ora inserisci le parole del brano e confrontale con quelle di sopra.

C-2.

Luca: Accidenti, Christian, che diamine hai [1]_____? Ti sei [2]_____ l'intera bottiglia di profumo addosso? Profumi peggio di una ragazzina...

Christian: Voglio fare colpo su Bianca. Sono o non sono un [3]_____.

Luca: Non ti [4]_____, quando c'è Lorenzo noi due non abbiamo speranze.... A proposito, cosa mi consigli di [5]_____ questa maglietta rossa o questa camicia azzurra con le righe nere?

Christian: Luca, da quando in qua ti preoccupi di cosa mettere? Mi sbaglio o sei un po' nervoso.... Dì la verità che anche tu vuoi [6]_____ dalla ragazza italiana....

Luca: [7]_____ di dire le solite [8]_____. Okay, ho deciso, mi metto la camicia, così mia madre non dice che sembro un [9]_____... e che si vergogna davanti alle sue amiche.... A proposito, Christian, hai [10]_____ benzina in macchina? L'ultima volta [11]_____ad arrivare al [12]_____ più vicino....

Christian: Ho fatto il pieno, [13]_____! Sei pronto?

Luca: Sì, sono pronto, andiamo!

Christian: Finalmente! Mamma mia, quanto tempo ci è voluto per diventare appena appena [14]_____.... Se troviamo traffico rischiamo di arrivare in ritardo [15]_____ Bianca. Dai! Sbrighiamoci!

D. Collega le espressioni a sinistra con i significati a destra.

1. fare colpo	**a.** avere tanto desiderio di fare qualcosa
2. pagare alla romana	**b.** comportarsi male
3. smetterla con le solite idiozie	**c.** impressionare positivamente qualcuno
4. sembrare un barbone	**d.** finire di dire cose senza senso
5. fare il pieno	**e.** ognuno paga per sé
6. avere l'ultima parola	**f.** fare provvista di benzina
7. non vedere l'ora di	**g.** somigliare ad un mendicante
8. fare brutta figura	**h.** prendere la decisione finale

E. Scrivi almeno sei frasi usando le parole "per me," "è importante..." e "perché..."

Es: Per me è importante studiare perché voglio trovare un buon lavoro.

1._____

_____

2._____

_____

3._____

_____

4._____

_____

5._____

_____

6._____

_____

F. Parliamo e scriviamo.

A. Secondo te, per i giovani, l'aspetto esteriore (i vestiti, lo stile dei capelli, i profumi, gli accessori, la casa, la macchina, ecc.) è molto importante per essere accettati in un gruppo? Cosa conta di più: quello che abbiamo o quello che siamo?

B. Scrivi un dialogo con due amici/amiche in cui esprimete le vostre opinioni sull'importanza degli aspetti esteriori nella nostra società.

NOTE DIDATTICHE

Note on page 32 the expression **<u>pagare alla romana</u>** (lit. *to pay the Roman way; to go Dutch)*

<u>There are other expressions with the same construction such as</u>:

all'italiana - *the Italian way*
A casa mia mangiamo solo all'italiana.

alla fiorentina – *the Florentine way*
Quando vado a Firenze mangio sempre la bistecca alla fiorentina.

alla genovese – *the Genovese way*
Il pesto alla genovese è fatto con tanto basilico e olio d'oliva.

alla milanese – *the Milanese way*
Il piatto più famoso della Lombardia è la cotoletta alla milanese.

<u>This same construction is used to express flavors</u>:

Gelato alla panna/al cioccolato/alla fragola/al limone/ai frutti di bosco/all'albicocca/alla pesca/al pistacchio
Spaghetti al burro/alla boscaiola/ai funghi/ai frutti di mare/all'amatriciana
Gnocchi alla salvia/alla napoletana/al pesto/al pomodoro e basilico
Tagliatelle alla bolognese/al ragù
Risotto ai quattro formaggi/alla milanese

Note on page 34 the verbs **<u>si congela</u>** **<u>si soffoca.</u>**

In this context "si" is used to express "one" - "one freezes" "one suffocates." While the use of "one" is not very common in English, as it is preferable to use the passive form of the verb, in Italian "si" is widely used and aims at 'depersonalizing' the subject.

The verbs with "impersonal si" are always conjugated in the third person and in the singular.

<u>Here are some examples</u>:
Si dice che Marzia si sia sposata l'anno scorso.
It's said *that Marzia got married last year.*

Come **si traduce** questa parola in inglese?
*How **is** this word **translated** into English?*

Si sa che gli italiani sono molto creativi.
It's well known *that Italians are very creative.*

Quando **si è** tra amici, **si** scherza sempre.
*When **we are** among friends, **we joke** all the time.*

*Note in the example above that "si" means "we." In other cases it means "people," "you," "they."

In estate **si va** o al mare o in montagna.
*In summer **people go** either to the beach or to the mountains.*

Si parla di un loro trasferimento negli Stati Uniti.
They are talking *about being transferred to the United States.*

NOTE DIDATTICHE

When changing from **"discorso diretto"** to **"discorso indiretto,"** it's important to look at the tenses of the verbs.

If the verb in the principal clause (dice/risponde/aggiunge/ammette etc.) is in the present or in the future tense, the verbs in the dependent clause maintain the same tense:

Maria **dice**: "**Mangio/mangerò** una mela."
Maria **dice** che **mangia/mangerà** una mela.

If we change the verb in the principal clause into the past tense, other changes will occur. Look at the examples below:

Maria **ha detto**: "**Voglio** studiare il latino." (present tense)
Maria **ha detto** che **voleva** studiare il latino. (imperfect tense)

Maria **ha detto**: "**Studierò** il latino." (future tense)
Maria **ha detto** che **avrebbe studiato** il latino. (past conditional)

La mamma **ha chiesto** al bambino: "**Hai** fame?" (question)
La mamma **ha chiesto** al bambino **se avesse** fame. (imperfect subjunctive)

La mamma **ha ordinato** al bambino: "**Stai** zitto!" (imperative)
La mamma **ha ordinato** al bambino che **stesse** zitto. (imperfect subjunctive)

*The above example can also be transformed as follows:
La mamma ha ordinato al bambino **di stare** zitto.
(di + infinitive of the verb)

Note that, while in English, the dependent clause can be introduced without the relative pronoun '**that**,' in Italian '**che**' cannot be omitted.

Caterina told me (that) she couldn't attend her ancient history class.
Caterina mi ha detto **che** non poteva andare alla lezione di storia antica.

Eserciziario
CAPITOLO SESTO – Una conversazione interessante

A. Scegli la frase giusta.

1. Il clima di Sydney è [A] molto piacevole. [B] molto freddo.
[C] molto caldo. [D] molto umido.

2. Lo sport preferito di Bianca in inverno è [A] camminare sulla neve.
[B] sciare. [C] scalare le montagne. [D] fare jogging.

3. La Valle D'Aosta si trova [A] nel nord-ovest dell'Italia. [B] nel centro
dell'Italia. [C] nel sud dell'Italia. [D] nel nord-est dell'Italia.

4. A Sydney [A] nevica tutti gli anni. [B] nevica di tanto in tanto. [C] non fa
mai abbastanza freddo da nevicare. [D] non fa mai troppo caldo.

5. Giulia non vede l'ora di andare in vacanza [A] con i genitori.
[B] con chi vuole. [C] da sola. [D] con il fidanzato.

6. Molti ragazzi australiani lasciano la casa dei genitori [A] quando si
laureano. [B] quando finiscono la scuola. [C] quando si sposano.
[D] prima di finire la scuola.

7. I ragazzi italiani sono "mammoni" perché [A] non hanno mai
bisogno della mamma. [B] da piccoli non si allontanano mai dalla
mamma. [C] sono attaccati alla mamma anche da adulti.
[D] hanno paura della mamma.

8. Christian non ha fretta di andare a vivere da solo perché [A] ama la
cucina di sua madre. [B] ha molti vantaggi a casa sua. [C] non può
rinunciare ai profumi costosissimi. [D] non avrebbe una macchina.

B. Rispondi alle seguenti domande con una risposta completa.

1. Quanto tempo ci vuole per andare da Torino a Pila, in Valle D'Aosta?_____
_____
_____

2. Dove si trova la località di montagna più vicina a Sydney?_____
_____
_____

3. Cosa vuole fare Giulia, quando finisce la scuola?_____

_____

_____

4. Perché Bianca è così sorpresa?_____

_____

_____

5. Cosa pensano i genitori di Luca?_____

_____

_____

6. Qual è la mentalità tipicamente italiana?_____

_____

_____

7. Di che origine sono i genitori di David?_____

_____

_____

8. I genitori di David sono più liberali dei genitori di Luca?_____

_____

_____

9. Per i giovani italiani è facile trovare un lavoro *part-time*?_____

_____

_____

10. Cosa vuole dire Bianca con l'espressione "Non è parte della nostra cultura?"_____

_____

_____

11. Dove sono nati i genitori di Lorenzo?_____

_____

_____

12. Perché, secondo Luca, Christian non vuole andare via di casa?_____

_____

_____

C. Completa con le preposizioni mancanti.
[a, al, all', con, da, dai, di, in, per]

Bianca: Che bella serata! Siamo [1]___ aprile, praticamente in pieno autunno, ma fa ancora caldo....

Luca: Eh sì! [2]___ Sydney fa sempre bel tempo, siamo proprio fortunati.

Bianca: Beati voi, [3]___ Italia invece, in estate fa molto caldo e [4]___ inverno fa molto freddo, soprattutto [5]___ nord.

Robert: In inverno nevica molto in Italia?

Bianca: Sì, abbastanza. Infatti, noi andavamo quasi ogni fine-settimana [6]___ montagna [7]___ sciare. I miei hanno una villetta a Pila, [8]___ Valle D'Aosta, non è distante [9]___ Torino, ci vogliono solo due ore [10]___ macchina. Non è un posto molto turistico, però c'è una bella discoteca e [11]___ i miei amici andavamo [12]___ ballare ogni sabato sera.

Christian: [13]___ me piace tanto sciare, ma qui non nevica mai. La località [14]___ montagna più vicina si trova [15]___ circa otto ore [16]___ Sydney, con la mia famiglia ci andiamo una volta [17]___ anno, durante le vacanze invernali. Però io [18]___ i miei genitori non mi diverto più, ma ditemi, [19]___ voi piace ancora andare [20]___ vacanza con i vostri "vecchietti?"

Giulia: Così così, [21]___ volte anch'io mi annoio con i miei genitori, loro pensano [22]___ essere giovani e moderni ma...[23]___ realtà... beh! L'avrete capito... non vedo l'ora [24]___ essere più indipendente e [25]___ andare in vacanza [26]___ chi voglio.

Bianca: Non è ancora troppo presto? [27]___ fondo hai solo diciassette anni. Questo è il tuo ultimo anno [28]___ scuola, ma poi cominci l'università e allora dipenderai ancora [29]___ del tempo [30]___ tuoi....

D. Vero o falso?

	V	F
1. L'Australia è un continente molto piccolo.	V	F
2. L'Italia è una penisola.	V	F
3. Sydney è la capitale dell'Australia.	V	F
4. Torino è il capoluogo del Piemonte.	V	F
5. Gli indigeni australiani si chiamano aborigeni.	V	F
6. In Italia ci sono venticinque regioni.	V	F
7. L'Australia è una federazione di stati.	V	F
8. Il koala è un animale australiano molto protetto.	V	F
9. Il fiume Tevere attraversa Napoli.	V	F
10. Ayers Rock è una roccia nel centro dell'Australia.	V	F
11. Gli abitanti di Firenze si chiamano fiorentini.	V	F
12. L'Italia è una repubblica.	V	F

E. Scrivi sei frasi usando le parole "volere," "vacanza," "piacere." Ricordati di usare soggetti e tempi diversi.

Es: Per le prossime vacanze estive, vorrei andare al mare perché mi piace prendere il sole e fare i castelli di sabbia.

1._____

_____

2._____

_____

3._____

_____

4._____

_____

5._____

_____

6._____

_____

F. Parliamo e scriviamo.

A. Parla dei vantaggi e/o degli svantaggi di andare a vivere fuori di casa dopo la scuola. Spiega le tue opinioni anche sulla base di alcune esperienze di amici o parenti.

B. Scrivi un dialogo con un amico/un'amica in cui parlate di cosa intendete fare dopo la scuola (andare all'università, cercare un lavoro, andare a vivere fuori di casa, dividere un appartamento con altri ragazzi, ecc.).

Eserciziario

CAPITOLO SETTIMO –
I ragazzi diventano 'seri:' incredibile ma vero!

A. Scegli la frase giusta.

1. Nelle scuole italiane gli studenti [A] praticano molti sport. [B] non hanno molto spazio per le attività sportive. [C] fanno solo i tornei di tennis. [D] non fanno solo i tornei di pallavolo.

2. Le interrogazioni sono [A] richieste di informazioni. [B] esami scritti. [C] indagini in tribunale. [D] domande orali a scuola.

3. Essere "sfigati" significa essere [A] sfortunati. [B] fortunati. [C] arrabbiati. [D] depressi.

4. Quando Luca ha lanciato la buccia di banana nel ventilatore, [A] tutti hanno fatto finta di non vederlo. [B] nessuno l'ha accusato. [C] è stato subito scoperto. [D] è stato subito punito.

5. Se Lorenzo non si fa la barba per un giorno, sembra [A] un ex-carcerato. [B] un ladro. [C] un barbone. [D] una persona brutta.

6. Giulia si innervosisce perché i maschi [A] non prendono mai le cose seriamente. [B] sono troppo seri. [C] non scherzano mai. [D] parlano solo di ragazze.

B. Rispondi alle seguenti domande con una risposta completa.

1. Perché Giulia suggerisce di cambiare argomento?_____
_____
_____

2. Bianca è una ragazza molto sportiva?_____
_____
_____

3. Che attività sportive fanno gli studenti italiani a scuola?_____
_____
_____

4. Qual è il problema con i centri sportivi privati?_____
_____
_____

5. Gli studenti italiani hanno molto tempo da dedicare allo sport?_____

_____

_____

6. Perché la compagna di banco di Bianca era una sfigata?_____

_____

_____

7. Di quale episodio buffo parla Luca?_____

_____

_____

8. Chi ha lanciato la buccia di banana per aria?_____

_____

_____

9. Perché, secondo Luca, lui non è mai sospettato di fare cose stupide?_____

_____

_____

10. Lorenzo è d'accordo con Luca? Perché sì o perché no?_____

_____

_____

11. Secondo Christian, cosa fanno le ragazze, quando escono da sole?_____

_____

_____

12. Qual è la reazione di Giulia e cosa minaccia di fare?_____

_____

_____

C. Scrivi una frase con ciascuna delle seguenti espressioni idiomatiche:

1. Litigare come cani e gatti._____

_____

2. Su due piedi._____

_____

3. In bocca al lupo! Che crepi!_____

_____

4. Prendersi gioco di._____

_____

5. Meno male!_____

_____

6. Fare quattro passi._____

_____

7. Fare un salto._____

_____

8. Non prendersela._____

_____

D. Collega le frasi nella colonna A con quelle dello stesso significato nella colonna B.

Come sono i miei amici?

A	B
1. si fidano troppo degli altri	**a.** sono un po' pigri
2. si trovano sempre nei guai	**b.** sono sempre al verde
3. non danno importanza alla forma	**c.** sono sinceri
4. credono in valori importanti	**d.** sono altruisti
5. odiano l'ipocrisia	**e.** sono pasticcioni
6. non hanno mai soldi	**f.** sono irascibili/irritabili
7. pensano sempre agli altri	**g.** sono sportivi
8. praticano molta attività fisica	**h.** sono ingenui
9. vanno facilmente su tutte le furie	**i.** sono informali
10. non hanno tanta voglia di studiare	**l.** sono idealisti

Suggerimento per gli insegnanti: incoraggiate gli studenti a scambiarsi tra loro le domande sui loro amici.

E. Scrivi almeno sei frasi con le parole "studiare," "superare," "gli esami." Ricordati di usare soggetti e tempi diversi.

Es: Marco e Luisa hanno studiato fino a tarda sera perché gli esami erano difficili da superare.

1._____

_____

2._____

_____

3._____

_____

4._____

_____

5._____

_____

6._____

_____

F. Parliamo e scriviamo.

A. Che tipo di esami hai nella tua scuola? Secondo te, è meglio avere esami scritti ed orali o solo quelli scritti? Spiega i vantaggi e/o gli svantaggi di queste due forme di esami.

B. Scrivi un dialogo con dei compagni di classe in cui esprimete la vostra opinione sul tipo di esami che preferite. Spiegate anche le ragioni e fate degli esempi.

C. Scrivi un dialogo con dei compagni di classe in cui parlate dell'importanza dello sport nella vita dei giovani, e di trovare un equilibrio tra l'attività fisica e lo studio.

NOTE DIDATTICHE

Note on page 40 the idiomatic expression **"<u>Non te la prendere!</u>"** *(Don't take offense! Don't be upset)*

It comes from **prendersela** (prendersi + pronome diretto **la**) and it is conjugated as follows:

<u>Presente Indicativo</u>	<u>Passato Prossimo</u>
me la prendo	me la sono presa
te la prendi	te la sei presa
se la prende	se l'è presa
ce la prendiamo	ce la siamo presa
ve la prendete	ve la siete presa
se la prendono	se la sono presa

Here are some examples:

Marta **se la prende**, quando le dico che ha torto.
*Marta **gets offended** when I tell her that she is wrong.*

Giorgio e Luisa **se la sono presa** perché non siamo andati alla loro festa.
*Giorgio and Luisa **got offended** because we did not go to their party.*

NOTE DIDATTICHE

Note on page 40 the expression **"<u>stavo per alzarmi</u>"** (*I was about to get up.*)

When the verb **stare** is followed by the preposition **per + the infinitive** of another verb, it describes an action that is (or was) about to happen in an imminent future.

Maria **sta per** fin**ire** l'università.
*Maria **is** about **to finish** university.*

Clara prende l'ombrello perché **sta per** piov**ere**.
*Clara gets the umbrella as **it's** about **to rain**.*

Sto per cominci**are** una ricerca molto interessante.
***I'm** about **to start** a very interesting research.*

Quando Marco ha telefonato, io **stavo per** usc**ire**.
*When Mark rang, I **was** about **to go out**.*

Quando gli amici sono arrivati, la festa **stava per** cominci**are**.
*When my friends arrived the party **was** about **to start**.*

Ieri sera al cinema **stavo per** addorment**armi**.
*Last night at the movies I **was** about **to fall asleep**.*

When the verb **stare** is followed by the **gerund** of another verb it expresses an action that is (or was) in progress.

Mario **sta** guard**ando** la TV.
*Mario **is watching** TV.*

Simona ed io **ci stiamo** trasfer**endo** negli Stati Uniti.
*Simona and I **are moving** to the United States.*

Sto scriv**endo** un libro molto affascinante.
***I am writing** a very interesting book.*

Adriano **stava** scherz**ando**.
*Adrian **was joking**.*

Giuseppe **stava** fac**endo** la spesa, quando ha incontrato Franco.
*Joseph **was doing** the shopping when he met Frank.*

Eserciziario

CAPITOLO OTTAVO –
Una proposta 'originale:' di che si tratta?

A. Scegli la frase giusta.

1. **Sui ragazzi Bianca fa dei commenti** **A** molto positivi. **B** non molto entusiastici. **C** non fa nessun commento. **D** un po' provocatori.

2. **Bianca propone di incontrarsi** **A** settimanalmente. **B** annualmente. **C** giornalmente. **D** mensilmente.

3. **Lo scopo degli incontri è di** **A** divertirsi. **B** discutere di varie cose. **C** ascoltare la musica. **D** fare turni di lavoro.

4. **Giulia, con l'espressione "ci sto," vuole dire che** **A** le piace la proposta. **B** non le piace la proposta. **C** non ha una proposta diversa. **D** le piace stare lì.

5. **Il padre di Robert, un venerdì al mese, deve** **A** lavorare fino a tardi. **B** rinunciare all'aiuto di Robert. **C** chiudere l'ufficio prima. **D** impedire a Robert di uscire.

6. **Il primo incontro sarà a casa di Bianca perché** **A** i genitori usciranno. **B** la mamma preparerà i panini. **C** c'è un grande salotto. **D** i genitori lavoreranno.

B. Rispondi alle seguenti domande con una risposta completa.

1. Perché Luca dice a Bianca: "Non esagerare, se no ci montiamo la testa?"

_____

_____

2. Di che cosa vuole parlare Bianca con i suoi amici?_____

_____

_____

3. Dove possono incontrarsi?_____

_____

_____

4. Dove va normalmente Luca il venerdì pomeriggio?_____

_____

_____

5. Cosa fa di solito Robert il venerdì?_____

_____

_____

6. Che impegno ha Cristian ogni due venerdì?_____

_____

_____

7. Com' è accolta la proposta di Bianca da parte dei ragazzi?_____

_____

_____

8. Qual è l'argomento del primo incontro?_____

_____

_____

9. Bianca cosa suggerisce di fare prima del primo incontro?_____

_____

_____

10. Perché Luca dice che è ora di andare a casa?_____

_____

_____

C-1. Trasforma i seguenti dialoghi da discorso diretto in discorso indiretto.

1. Bianca dice: "Ci potremo incontrare una volta al mese."_____

_____

2. Lorenzo dice: "Ci sentiremo più uniti."_____

_____

3. Robert dice: "Ci aiuteremo a vicenda."_____

_____

4. Emanuel dice: "Ci conosceremo meglio."_____

_____

5. David dice: "Ci consiglieremo a vicenda."_____

_____

6. Christian dice: "Ci diremo tutto quello che pensiamo senza giudicarci mai."

_____

_____

C-2. Se l'insegnante lo ritenesse possibile, potrebbe chiedere agli studenti di mettere i verbi dei dialoghi precedenti nei tempi passati.

D. Inserisci le preposizioni mancanti nel seguente brano.
[a, al, da, di, d', con, per, su]

Bianca: No Luca, [1]_____ favore, fammi parlare... mi è venuta un'idea bellissima. Ascoltate! Ci sto pensando già [2]_____ un po' [3]_____ tempo. Come voi sapete io sono nuova [4]_____ Sydney e sono curiosa [5]_____imparare un sacco [6]_____cose [7]_____voi, soprattutto mi interessano le vostre opinioni [8]_____argomenti importanti e che ci toccano [9]_____ vicino come vacanze, viaggi, studi, rapporti [10]_____ i genitori, amicizia, lavoro, soldi ecc. Bene, perché non formiamo un "circolo giovanile" [11] _____ lo scopo [12] _____ incontrarci regolarmente [13]_____ parlare [14]_____ argomenti specifici. Ci possiamo incontrare una volta [15] _____ mese, che so, una volta [16]_____ casa mia, una volta [17]_____ casa [18] _____qualcun altro, insomma, facciamo [19]_____ turno. Cosa ne pensate [20]_____ questa idea?

E. Scrivi sei frasi che cominciano con "Proporre di... perché...."
Ricordati di usare soggetti e tempi diversi.

Es: Propongo di andare al cinema perché danno un bel film italiano.
Giorgio ha proposto a Francesca di andare in vacanza in Spagna perché non ci sono mai stati.

1._____

_____

2._____

_____

3._____

_____

4._____

_____

5._____

_____

6._____

_____

F. Parliamo e scriviamo.

A. Cosa pensi dell'idea di un gruppo giovanile come quello di "I Magnifici Nove?" Ti piacerebbe fare qualcosa di simile? Perché sì? / Perché no?

B. Scrivi un dialogo con degli amici in cui esprimete l'intenzione di costituire un gruppo come "I Magnifici Nove." Parlate dello scopo e dei vantaggi che possono derivare dagli incontri tra giovani della stessa età.

Eserciziario
CAPITOLO NONO – Primo incontro a casa di Bianca

Prima parte

A. Scegli la frase giusta.

1. Emanuel ammette di essere un ragazzo **A** molto sicuro di sé.
B più sicuro di sé quando è con gli amici. **C** molto insicuro. **D** sempre insicuro.

2. Secondo David, l'amicizia vera **A** è molto rara. **B** non è rara.
C non esiste. **D** esiste solo tra giovani.

3. Luca trova più facile parlare con **A** i suoi genitori. **B** suo fratello.
C i suoi coetanei. **D** i suoi professori.

4. La madre di David dice che suo figlio è trasgressivo perché
A porta i capelli lunghi. **B** porta i pantaloni stracciati. **C** porta la maglietta con i buchi. **D** ascolta solo musica rap.

5. Secondo Luca, i suoi genitori si preoccupano **A** di niente.
B della sostanza. **C** di tutto. **D** della forma.

6. La madre di Emanuel **A** si occupa di tutto. **B** lava continuamente.
C fa tanti allenamenti. **D** dà lezioni di piano.

B. Rispondi alle seguenti domande con una risposta completa.

1. Qual è il tema del primo incontro?_____
_____
_____

2. I ragazzi sembrano interessati a questo argomento e perché?_____
_____
_____

3. Che cos'è un amico, secondo il proverbio italiano?_____
_____
_____

4. Perché Luca si sente un ragazzo fortunato?_____
_____
_____

5. Che rapporto c'è tra Robert e suo padre?_____

_____

_____

6. Secondo te, il padre di Robert ha un tono 'paternalistico' e perché?_____

_____

_____

7. Secondo Christian, in che modo i genitori impediscono ai figli di 'crescere?'

_____

_____

8. Perché, secondo David, è più difficile 'aprirsi' con i genitori che con gli amici?

_____

_____

9. Luca come definisce suo padre e perché?_____

_____

_____

10. Perché il padre di Luca dice che può capire i suoi problemi?_____

_____

_____

C-1. Trasforma i seguenti dialoghi da discorso diretto in discorso indiretto.

1. Emanuel dice: "Per me l'amicizia è molto importante, io sto bene quando sono circondato da amici perché mi sento più sicuro."

_____

_____

_____

2. Luca dice: "Io mi sento molto fortunato di avere amici come voi. Quando ho un problema, trovo un po' difficile parlarne con i miei."

_____

_____

_____

3. Robert dice: "Quando parlo dei miei problemi con un amico, mi sembra di condividerli con lui."

_____

_____

_____

4. Christian dice: "Io trovo più facile confidare i miei problemi agli amici che ai miei fratelli o cugini."

_____

_____

_____

5. David dice: "I parenti ci giudicano e anche per me è inconcepibile parlare dei miei problemi con loro."

_____

_____

_____

6. Il padre di Luca dice: "Posso capire i tuoi problemi, perché sono stato anch'io ragazzo e mi sembra di rivivere quel momento della mia vita."

_____

_____

_____

C-2. Se l'insegnante lo ritenesse possibile, potrebbe chiedere agli studenti di mettere i verbi dei dialoghi precedenti nei tempi passati.

D. Scrivi delle frasi con il verbo riflessivo "sentirsi" usando il presente indicativo. Ricordati di usare soggetti diversi.

Es: Ci sentiamo bene quando facciamo una buon'azione.

1. Sentirsi bene:_____

2. Sentirsi stanco:_____

3. Sentirsi capito:_____

4. Sentirsi sicuro:_____

5. Sentirsi male:_____

6. Sentirsi fortunato:_____

7. Sentirsi soddisfatto:_____

8. Sentirsi insicuro:_____

E. Riscrivi le stesse frasi con il verbo riflessivo "sentirsi" usando il passato prossimo. Ricordati di usare soggetti diversi.

Es: Ci siamo sentiti bene quando abbiamo fattouna buona azione.

1. Sentirsi bene:_____

2. Sentirsi stanco:_____

3. Sentirsi capito:_____

4. Sentirsi sicuro:_____

5. Sentirsi male:_____

6. Sentirsi fortunato:_____

7. Sentirsi soddisfatto:_____

8. Sentirsi insicuro:_____

F. Scrivi sei frasi che cominciano con "Sentirsi fortunato/a perché...." Ricordati di usare soggetti e tempi diversi.

Es: Io mi sento fortunato perché ho un gatto e due cani bellissimi.

1._____

_____

2._____

_____

3._____

_____

4._____

_____

5._____

_____

6._____

_____

G. Parliamo e scriviamo.

A. Cosa pensi del proverbio "Chi trova un amico trova un tesoro?" Sei d'accordo? Perché sì? Perché no? Esprimi le tue opinioni sull'amicizia anche sulla base delle tue esperienze personali.

B. Scrivi un dialogo con dei tuoi amici in cui parlate dell'amicizia, di quanto è importante nella vostra vita e se pensate di avere dei 'veri' amici.

Seconda Parte

A. Scegli la frase giusta.

1. **Giulia crede di essere la sola ad avere con i genitori** A un buon rapporto. B un cattivo rapporto. C un rapporto inesistente. D un rapporto strano.

2. **Giulia ha ricevuto una delusione** A da un amico. B dal padre. C dalla madre. D da un'amica.

3. **Lorenzo dice che lui e i suoi amici sono fortunati perché sono** A giovani. B sinceri. C sani. D simpatici.

4. **Bianca soffre molto perché ha dovuto separarsi** A dai suoi professori. B da due amiche carissime. C dai suoi parenti. D dall'amico del cuore.

5. **Erika dà un fazzolettino a Bianca perché** A è allergica al polline. B si è messa a ridere. C ha il raffreddore. D si è commossa.

6. **Bianca dice che, da quando conosce questo gruppo,** A non si diverte molto. B esce tutte le sere. C si sente meno sola. D non studia abbastanza.

B. Rispondi alle seguenti domande con una risposta completa.

1. In che modo Giulia è stata tradita dalla sua amica?_____

_____

_____

2. Che cosa prova Giulia, quando rivede il ragazzo che le piaceva?_____

_____

_____

3. Perché Erika non è d'accordo con la reazione di Giulia?_____

_____

_____

4. Come si sentirebbe Emanuel se mai tradisse un amico?_____

_____

_____

5. Sei d'accordo con David, quando dice che è importante essere se stessi e perché?_____

_____

_____

6. Che cosa hanno scritto su un bigliettino le amiche italiane di Bianca?_____

_____

_____

7. In che modo Emanuel cerca di consolare Bianca?_____

_____

_____

8. Che cosa chiede Lorenzo a Bianca?_____

_____

_____

9. Perché Lorenzo fa una domanda un po' stupida?_____

_____

_____

10. Secondo te, Bianca è veramente disturbata dalla domanda di Lorenzo?__

_____

_____

C. Inserisci le parole mancanti scegliendole dalla lista.

piedi	ai	idea	che	spalle	così	pere	verdi	cotta
bisogno	cui	successo	a	di	posso	con	confidata	
dimenticherò	me	testa	cento	gli	migliore	sia		
smetteremmo	fa	dicendo	scorso	ricordate	invece			

Giulia: State tutti [1]_____ che non parlate con i vostri... io [2]_____ sì, parlo tantissimo [3]_____ con mio padre che con mia madre. [4]_____ mio padre ovviamente non parlo [5]_____ tutto... beh! Certamente non [6]_____ parlo di cose troppo... intime... personali.... Con mia madre invece... credetemi, quando siamo insieme, non [7]_____ mai di parlare. È la mia [8]_____ amica. So che di lei [9]_____ fidarmi al [10]_____ per cento, perciò, quando ho [11]_____ di un consiglio, mi rivolgo [12]_____ lei. Sapete... un paio di anni [13]_____ mi sono presa una di quelle fregature che non [14]_____ per tutta la vita.

Emanuel: Addirittura? Cosa può essere [15]_____ di così grave?

Giulia: Una ragazza [16]_____ conoscete anche voi, ma di
[17]_____ non vi dico il nome, mi ha dato una pugnalata alle
[18]_____.
Erika: Ehhh! Che parolone, e che t'ha fatto di [19]_____ cattivo?
Giulia: Ve lo [20]_____ Max? Bruno, occhi [21]_____... ha finito
l'anno [22]_____.
Erika: Eccome se [23]_____ lo ricordo... tutte le ragazze cascavano
[24]_____ suoi [25]_____ come [26]_____ mature. Tipo
Tom Cruise, tanto per dare un' [27]_____....
Giulia: Beh, mi vergogno a dirlo ma anch'io avevo perso la [28]_____
per lui, mi ero presa una [29]_____ tremenda.... Mi sono
[30]_____ con quella ragazza che io consideravo un'amica e lei,
indovinate cosa ha fatto? Beh! È andata a dirglielo....

D. Rileggi il brano e collega le frasi nella colonna A con quelle nella colonna B.

A	B
1. Le ho confidato che mi ero presa una cotta per un ragazzo e	**a.** tradire un amico.
2. So invece che di mia madre	**b.** non mi sento più tanto sola.
3. È bello avere la possibilità	**c.** un bel gelato.
4. Io non potrei mai e poi mai	**d.** la nostra amicizia?
5. La nostra amicizia è così solida	**e.** lei è andata a dirglielo.
6. Non c'è niente di male	**f.** quanto le tue amiche in Italia.
7. Non ti basta	**g.** da superare gli oceani e i continenti.
8. Ti vogliamo bene... almeno	**h.** piangere.
9. Da quando ho conosciuto voi	**i.** posso fidarmi al cento per cento.
10. Ci meritiamo	**l.** di essere se stessi.

E. Scrivi almeno sei frasi rispondendo alla domanda: "Cosa non fare mai... perché...?" Ricordati di usare soggetti e tempi diversi.

Es: Non direi mai una bugia a mia madre perché lo scoprirebbe subito.

1._____

_____

2._____

_____

3._____

_____

4._____

_____

5._____

_____

6._____

_____

F. Parliamo e scriviamo.

A. Un amico/un'amica ti annuncia che sta per andare a vivere in un altro paese. Cosa gli/le dici per rassicurarlo/a sulla tua amicizia per lui/lei? Come pensi di mantenere l'amicizia con lui/lei?

B. Scrivi un dialogo con un amico/un'amica che sta per trasferirsi in un altro paese per motivi di famiglia. Esprimi quello che provi per la sua partenza, se ti piacerebbe continuare a coltivare la tua amicizia con lui/lei e in che modo.

NOTE DIDATTICHE

Note on page 47 the phrasing **"è chiaro che fa di tutto per..."**

This is an impersonal expression like the ones seen on page 111. However, contrary to the latter, it requires the indicative (not the subjunctive) as it conveys an idea of certainty.

Here are some examples of the most common impersonal expressions requiring the indicative:

è evidente che	**è evidente che** Giorgia **è** innamorata di Fabio.
è chiaro che	**è chiaro che** Mario non **sta** bene, è pallidissimo.
è certo che	**è certo che** mia madre **va** in Italia. Ha già comprato il biglietto.
è indisputabile che	**è indisputabile che** Stefano **ha** diritto ad un rimborso delle tasse.
è vero che	**è vero che** Mirko ed Anna **si sono conosciuti** a Bali.
è sicuro che	**è sicuro che** Antonio **si laureerà** entro il 15 di dicembre.
è confermato	**è confermato che** le nuove elezioni **si faranno** a marzo.
è dimostrato che	**è dimostrato che** una sana alimentazione **aiuta** a vivere più a lungo.
è provato che	**è provato che** fra alcuni anni il surriscaldamento globale (global warming) **creerà** seri problemi.

Eserciziario
CAPITOLO DECIMO – Profumi e... motori

A. Scegli la frase giusta.

1. I ragazzi vanno a prendere Christian per ultimo perché |A| abita più lontano di tutti. |B| non è mai puntuale. |C| non è a casa. |D| deve finire di studiare.

2. Luca, a causa del profumo di Christian, |A| ha mal di testa. |B| ha mal di pancia. |C| sta per perdere i sensi. |D| ha rotto il finestrino.

3. Giulia non ne può più |A| del profumo. |B| degli amici. |C| della musica. |D| del profumo e dei litigi.

4. Secondo Robert, David è |A| un ragazzo modesto. |B| un esibizionista. |C| un ragazzo tranquillo. |D| un ragazzo impaziente.

5. David è molto orgoglioso |A| dello stereo nella macchina. |B| delle sue scarpe nuove. |C| dei suoi occhiali da sole. |D| della sua ragazza.

6. Robert si arrabbia con David perché |A| guida male. |B| disturba i vicini. |C| parla ad alta voce. |D| fà il giro dell'isolato.

B. Rispondi alle seguenti domande con una risposta completa.

1. Christian come si giustifica per aver messo tanto profumo?_____
_____
_____

2. Perché, secondo Christian, suo padre si arrabbierà?_____
_____
_____

3. Perché, secondo Luca, Christian usa tanto profumo?_____
_____
_____

4. Perché Robert va su tutte le furie con David?_____
_____
_____

5. Com'è la macchina di David?_____
_____
_____

6. Che cosa propone David a Robert?_____
_____
_____

7. Perché Robert ha paura che i vicini chiamino la polizia?_____
_____
_____

8. Perché Robert domanda se hanno dato un passaggio a Christian?_____
_____
_____

C. Rileggi il testo e completa con le parole mancanti.

preferito   per   dannato   tortura   testa   nessuno   perché   come
posso   testa   addosso   giusto   dico   dispiace   saprà
male   quanto   profumo   rotta   finestrino

Luca: Mamma mia, Christian, [1]_____ profumo hai messo oggi!
Per favore David, abbassa il [2]_____ altrimenti sto
[3]_____. Anzi sto già [4]_____ svenire....

Giulia: Christian, scusa se te lo [5]_____, ma sei proprio esagerato!
Non è [6]_____ costringere tutti noi a respirare il tuo
[7]_____! È una vera [8]_____!

Christian: Scusate, mi [9]_____! È che... ho avuto un piccolo
incidente. Si è [10]_____ la bottiglia del profumo e mi è caduto
tutto [11]_____. Chissà [12]_____ si arrabbierà mio padre
quando lo [13]_____. Non solo costava un occhio della
[14]_____, ma era anche il suo profumo [15]_____....

Luca: Ma a chi vuoi darla a bere? Confessa che usi tutto 'sto profumo
[16]_____non ti lavi abbastanza, eh eh eh!!!

Christian: Non te l'ha detto mai [17]_____ che quando ridi sembri
proprio un Kookaburra?

Giulia: Per favore, adesso basta! Ho mal di [18]_____,
smettetela.... Per fortuna siamo arrivati. Non ne [19]_____ più di
questo [20]_____ profumo.

D. Unisci le parole a destra con quelle a sinistra per formare le parole accoppiate.

Es: tosta + pane = tostapane

1. lava		**a.** capelli
2. apri		**b.** ombrelli
3. asciuga		**c.** cristalli
4. scola		**d.** stoviglie
5. porta		**e.** denti
6. tergi		**f.** piatti
7. stuzzica		**g.** matite
8. scola		**h.** bottiglie
9. porta		**i.** pasta
10. porta		**l.** letto
11. passa		**m.** polvere
12. apri		**n.** noci
13. copri		**o.** gente
14. tempera		**p.** cenere
15. aspira		**q.** biancheria
16. schiaccia		**r.** mano
17. asciuga		**s.** chiavi
18. salva		**t.** porto
19. segna		**u.** libro
20. stendi		**v.** scatole

E. Scrivi almeno sei frasi cominciando con le parole: "Arrabbiarsi quando...." Ricordati di usare soggetti e tempi diversi.

Es: Io mi arrabbio quando le persone non rispettano la coda al supermercato.

Giorgio si è arrabbiato quando la sua macchina aveva le gomme a terra (flat tires).

1. _____

_____

_____

2. _____

_____

_____

3._____

_____

_____

4._____

_____

_____

5._____

_____

_____

6._____

_____

_____

F. Parliamo e scriviamo.

A. Secondo te, qual è la personalità di David? Prova a descriverla specificando quali espressioni nel testo indicano le tue impressioni.

B. Conosci un ragazzo un po' viziato o pieno di sè? Scrivi un dialogo con alcuni compagni di classe in cui parlate della personalità di questo ragazzo e confrontate le vostre opinioni.

Eserciziario
CAPITOLO UNDICESIMO –
È davvero così difficile comunicare con i genitori?

A. Scegli la frase giusta.

1. Per i ragazzi è molto difficile [A] parlare di problemi adolescenziali. [B] parlare con la madre di Luca. [C] decidere cosa mangiare. [D] parlare con una mamma italiana.

2. Emanuel pensa di essere maleducato perché [A] ha mal di denti. [B] ha paura del lupo. [C] ammette di essere affamato. [D] vuole andare in giardino.

3. La mamma incoraggia Luca a non avere fretta di [A] mangiare. [B] diventare adulto. [C] risolvere i problemi. [D] lasciare casa.

4. Secondo Emanuel, Robert è invidioso di lui perché [A] mangia tanto ma non ingrassa. [B] si serve da solo. [C] mangia molta focaccia. [D] è molto paziente.

5. I genitori della mamma di Luca [A] avevano una mentalità molto aperta. [B] non erano disponibili al dialogo. [C] non erano mai ostili. [D] erano molto tradizionalisti.

6. La madre di David è stanca di [A] avere delle risposte a monosillabi. [B] parlare tanto con il figlio. [C] non avere mai un po' di pace. [D] non avere mai del tempo libero.

7. Secondo la mamma di Luca, il problema è che entrambi i genitori [A] non contestano mai niente ai figli. [B] non hanno troppa pazienza. [C] trascorrono troppo tempo a casa. [D] pensano alla carriera.

8. Luca è convinto che [A] ci può essere amicizia tra genitori e figli. [B] genitori e figli non possono mai essere amici. [C] non è difficile fare i genitori. [D] i suoi genitori hanno un lavoro difficile.

B. Rispondi alle seguenti domande con una risposta completa.

1. Cosa fa la mamma di Luca quando gli amici vanno a casa?_____

_____

_____

2. Emanuel è l'unico che ha fame?_____

_____

_____

3. Luca di che cosa accusa sua madre?_____ _____
_____
_____

4. Come si difende la madre di Luca?_____
_____
_____

5. Che cosa dice Emanuel dei suoi genitori?_____
_____
_____

6. Che cosa dice Lorenzo di sua madre?_____
_____
_____

7. Che cosa dice Christian dei suoi nonni?_____
_____
_____

8. In che modo, secondo la mamma di Luca, i genitori potrebbero migliorare
la comunicazione con i figli?_____
_____
_____

C. Trasforma i seguenti imperativi informali in imperativi formali secondo l'esempio.

Es: Scusami!   Mi scusi!

1. Sbrigati!_____

2. Alzati!_____

3. Serviti!_____

4. Vestiti!_____

5. Lavati!_____

6. Dammi!_____

7. Fammi!_____

8. Dimmi!_____

9. Chiamami!_____

10. Aiutami!_____

11. Accompagnami!_____

12. Seguimi!_____

D. Adesso trasforma gli imperativi negativi informali in imperativi negativi formali secondo l'esempio.

Es: Non stancarti!   *Non si stanchi!*

1. Non sbrigarti!_____

2. Non alzarti!_____

3. Non servirti!_____

4. Non vestirti!_____

5. Non lavarti!_____

6. Non darmi!_____

7. Non farmi!_____

8. Non dirmi!_____

9. Non chiamarmi!_____

10. Non aiutarmi!_____

11. Non accompagnarmi!_____

12. Non seguirmi!_____

E. Scrivi cinque frasi con l'espressione "Non potere fare a meno di..." secondo l'esempio. Usa soggetti e tempi diversi.

Es: Non posso fare a meno di mangiare un gelato al giorno.

1._____

_____

2._____

_____

3._____

_____

4._____

_____

5._____

_____

F. Scrivi almeno sei frasi con le parole: "Secondo... è un'utopia... perché..."

Es: Secondo mia madre, è un'utopia illudersi che un giorno non ci saranno più guerre nel mondo, perché ci sarà sempre il desiderio di potere.

1._____

_____

2._____

_____

3._____

_____

4._____

_____

5._____

_____

6._____

_____

G. Parliamo e scriviamo.

A. Pensi anche tu, come Luca, che l'amicizia tra genitori e figli sia un'utopia? Motiva la tua risposta con degli esempi concreti e in base alla tua esperienza personale.

B. Scrivi un dialogo tra te e un'amica/un amico in cui tu pensi che l'amicizia tra genitori e figli sia un'utopia e lei/lui invece è convinta/o che è possibile.

Eserciziario
CAPITOLO DODICESIMO – L'infame cellulare

A. Scegli la frase giusta.

1. Quando la mamma sente squillare tante volte il cellulare A si entusiasma. B perde la pazienza. C si rassegna. D vuole usarlo.

2. Luca non tenta di spiegare alla mamma l'importanza di queste telefonate perché lei A non capisce. B non l'ascolta. C lo manda in camera sua. D sta per uscire.

3. Secondo Luca, per la sua mamma è importante solo A socializzare. B fare sport. C studiare. D finire la scuola.

4. La mamma teme che l'uso prolungato del cellulare possa provocare A insonnia. B una malattia grave. C il mal d'orecchi. D grandi bollette.

5. Christian ha telefonato perché deve dire a Luca A una cosa urgente. B una cosa importante. C una cosa divertente. D una cosa noiosa.

6. Dopo la lunga discussione, la mamma e Luca A non hanno cambiato idea. B hanno cambiato idea. C non hanno spento il cellulare. D hanno rimandato la discussione.

B. Rispondi alle seguenti domande con una risposta completa.

1. Che cosa succede quando Luca torna a casa da scuola?_____

_____

_____

2. Come giustifica tutte quelle telefonate Luca?_____

_____

_____

3. Perché la mamma non vede la necessità di tutte le telefonate che Luca riceve?_____

_____

4. Perché, secondo la mamma, quest'anno è molto importante dedicarsi principalmente allo studio?_____

_____

_____

5. Perché, dopo la telefonata di Christian, la mamma ammette di essere contenta?_____

_____

_____

6. La conclusione del dialogo dà un'idea delle personalità dei due protagonisti: come le descriveresti?_____

_____

_____

C-1. Trasforma i seguenti dialoghi da discorso diretto in discorso indiretto.

1. La mamma domanda: "Cosa diamine avete da dirvi... visto che vi siete appena salutati!"

_____

_____

2. Luca risponde: "Abbiamo delle cose molto importanti da dirci... ma tu non puoi capire... quindi mi risparmio lo sforzo di spiegare...."

_____

_____

3. La mamma dice: "A me non interessa assolutamente sapere di cosa parlate... però è evidente che tu e i tuoi amici sprecate un sacco di tempo prezioso al telefono."

_____

_____

4. Luca risponde: "Tu ti preoccupi solo dello studio e non te ne importa minimamente se ho una vita sociale interessante o meno."

_____

_____

5. La mamma risponde: "Non è vero che per me esista solo lo studio. Il problema è che se prendi un voto basso, non potrai accedere all'università nel corso di laurea che vorresti fare tu...."

_____

_____

6. Luca dice: "Mamma, sei fissata! Tu non vivi tranquilla e non fai vivere nemmeno me tranquillo...."

_____

_____

7. Christian al telefono dice a Luca: "Ti ho telefonato per raccontarti una barzelletta che ho appena sentito...."

_____

_____

8. Luca risponde: "Non è il momento adatto, me la potrai raccontare domani. Quando ti vedrò ti spiegherò tutto."

_____

_____

C-2. Se l'insegnante lo ritenesse possibile, potrebbe chiedere agli studenti di mettere i verbi dei dialoghi precedenti nei tempi passati.

D. Metti i verbi tra parentesi nel Passato Prossimo.

Driiin...driiin.... (Squillare) [1]_____il cellulare. Era Lorenzo. Luca (parlare) [2]_____per circa dieci minuti, poi (scendere) [3]_____in cucina per la merenda e... driiin...driiin... il cellulare (squillare) [4]_____ di nuovo. Era Robert, Luca (salire) [5]_____in camera sua e vi (rimanere) [6]_____per cinque minuti. (Scendere) [7]_____di nuovo in cucina. La mamma (spalmare) [8]_____della nutella su del pane fresco e (versare) [9]_____del succo di frutta in un bicchiere. Luca (mangiare) [10]_____il primo boccone e...driiin....driiin... il cellulare (squillare) [11]_____ ancora una volta. Luca (sparire) [12] _____ per almeno altri 10 minuti. Finalmente (ritornare) [13]_____giù e...bip...bip.... Giulia (mandare) [14]_____un messaggio. La mamma (sentire) [15] _____ il tic tic tic sulla tastiera del cellulare di Luca che (rispondere) [16]_____al messaggio di Giulia... La mamma (cominciare) [17]_____ ad essere impaziente... e gli (chiedere) [18]_____ di spegnere l'infame cellulare.

E. Scrivi sei frasi rispondendo alla domanda: "Quali mezzi di comunicazione preferisci usare e perché...?" Ricordati di usare soggetti e tempi diversi.

Es: Io comunico molto con gli sms perché i messaggi arrivano in tempo reale.

L'ultima volta che ho scritto una lettera è stata tre anni fa. Oggi uso molto la posta elettronica perché la comunicazione è più rapida.

1._____

_____

_____

2._____

_____

_____

3._____

_____

_____

4._____

_____

_____

5._____

_____

_____

6._____

_____

_____

F. Parliamo e scriviamo.

A. Secondo te, il cellulare e la posta eletttronica (*e-mailing*) hanno cambiato molto la nostra vita? In che modo? Esprimi le tue opinioni sulla base di esempi concreti.

B. Scrivi un dialogo con un amico in cui parlate degli aspetti positivi e negativi dell'introduzione del cellulare e della posta elettronica nella nostra vita.

Eserciziario
CAPITOLO TREDICESIMO – Che professione scegliere?

A. Scegli la frase giusta.

1. **I ragazzi questa volta s'incontrano per** A parlare della fine della scuola. B mangiare un gelato. C parlare del corso di laurea. D conoscere la nonna di Emanuel.

2. **Quando a Luca chiedono cosa vuole diventare da grande, lui risponde che** A ha le idee chiarissime. B ha le idee confuse. C non vuole fare niente. D sa solo cosa non vuole fare.

3. **Secondo Lorenzo, David vuole diventare commercialista perché** A suo padre lo forza. B suo padre fa il commercialista. C anche suo nonno faceva questa professione. D gli interessa la matematica.

4. **Erika, dopo la scuola, vorrebbe** A fare un anno di lavoro. B andare in vacanza per un anno. C fare subito il primo anno di università. D viaggiare per un mese all'estero.

5. **Secondo Giulia, l'Australia è** A un paese molto lontano dal resto del mondo. B il più bel paese del mondo. C un paese molto diverso da tutti gli altri. D un paese molto giovane.

6. **I genitori di Luca sono felici se Luca** A interromperà gli studi. B continuerà gli studi. C farà subito una bella vacanza. D diventerà membro di un partito politico.

7. **Luca vorrebbe fare il politico perché** A non tollera le differenze e le ingiustizie sociali. B pensa che le differenze economiche siano inevitabili. C non vuole migliorare la società. D vuole fare un sacco di soldi.

8. **Bianca vuole diventare medico perché vuole** A curare i bambini. B curare gli anziani. C spendere molti anni sui libri. D avere molti bambini.

B. Rispondi alle seguenti domande con una risposta completa.

1. Perché a Luca non piace quando gli chiedono cosa vuole fare da grande?

_____

_____

2. Perché, secondo Lorenzo, David è avvantaggiato rispetto ad altri ragazzi?

_____

_____

3. Perché Emanuel non sarà mai un cliente di David?_____

_____

_____

4. Secondo Giulia, cosa fanno normalmente i giovani australiani prima di cominciare l'università?_____

_____

_____

5. Cosa pensano i genitori di Luca di questa idea?_____

_____

_____

6. Perché la madre di Luca pensa che Luca potrebbe diventare un buon avvocato?_____

_____

_____

7. Qual è il "sogno nel cassetto" di Luca?_____

_____

_____

8. Perché, secondo Emanuel, Luca potrebbe diventare un buon politico?_____

_____

_____

9. Perché Bianca non è convinta se scegliere medicina?_____

_____

_____

10. Perché Robert non farebbe mai medicina?_____

_____

_____

C-1. Trasforma i seguenti dialoghi da discorso diretto in discorso indiretto.

1. Luca dice: "Una cosa che non sopporto è quando gli adulti mi domandano cosa voglio fare da grande."

_____

_____

2. Bianca risponde: "Siamo arrivati alla fine della nostra vita scolastica e l'anno prossimo dovremo andare all'università, quindi non avremo più tanto tempo."

_____

_____

3. David dice: "Sono proprio fortunato, ma non voglio diventare commercialista solo perché mio padre fa questo lavoro."

_____

_____

4. Emanuel dice: "Mi dispiace, ma io non sarò mai un tuo cliente. Lo so già che sarò un artista squattrinato e perciò non avrò mai bisogno di un commercialista..."

_____

_____

5. Erika dice: "A me piacerebbe prendere un anno di pausa dopo la maturità e vorrei visitare i posti dove non sono ancora stata."

_____

_____

6. Luca dice: "I miei genitori mi hanno promesso che, quando finirò l'università, mi regaleranno una bella vacanza in Europa con i miei amici."

_____

_____

7. Bianca domanda a Luca: "Cosa vorresti fare all'università?"

_____

_____

8. Luca risponde: "Non lo so... ho le idee molto confuse... mi piacerebbe fare legge... ma avrei anche un altro sogno nel cassetto e non so se sia il caso di dirlo."

_____

_____

9. Giulia domanda: "Perché non dovresti dirlo? Di cosa hai paura?"

_____

_____

10. Emanuel dice: "Fin da quando eravamo nella scuola elementare io ho sempre pensato che tu avessi molto carisma."

_____

_____

C-2. Se l'insegnante lo ritenesse possibile, potrebbe chiedere agli studenti di mettere i verbi dei dialoghi precedenti nei tempi passati.

D. Unisci le espressioni a sinistra con quelle dello stesso significato a destra.

1. seguire le orme	**a.** imporre la propria idea
2. essere squattrinato	**b.** imporre degli obblighi a qualcuno
3. non avere la più pallida idea	**c.** avere un desiderio nascosto
4. prendere un anno di pausa	**d.** parlare di cose senza senso
5. avere torto marcio	**e.** non avere affatto ragione
6. far valere la propria opinione	**f.** non avere alcuna certezza
7. essere di peso	**g.** prendere in giro
8. avere un sogno nel cassetto	**h.** interrompere qualcosa per dodici mesi
9. ridere di qualcuno	**i.** non avere un centesimo in tasca
10. dire sciocchezze	**l.** continuare un'attività già avviata da qualcun altro

E. Scrivi almeno sei frasi rispondendo alla domanda: "Cosa faresti se un giorno diventassi ricco/a... e perché?" Ricordati di usare soggetti diversi.

Es: Se un giorno diventassi ricco, vorrei aiutare i bambini del terzo mondo, perché sono deboli e indifesi.

1._____

_____

2._____

_____

3._____

_____

4._____

_____

5._____

_____

6._____

_____

F. Parliamo e scriviamo.

A. Parla dei tuoi progetti per il tuo futuro professionale: cosa ti piacerebbe fare nella vita, come pensi di realizzare i tuoi sogni, quali sono le tue priorità ecc.

B. Scrivi un dialogo con un amico/un'amica in cui parlate di cosa pensate di fare dopo la scuola e del vostro futuro professionale.

Eserciziario

CAPITOLO QUATTORDICESIMO –
Discussione sul film *Ricordati di me*

Prima parte

A. Scegli la risposta giusta.

1. **Il festival del cinema italiano** A è appena finito. B è in svolgimento.
   C comincerà fra alcuni giorni. D è un grande evento.

2. **Secondo Emanuel, il titolo del film** A non è molto incoraggiante.
   B è molto incoraggiante. C non è abbastanza romantico. D è violento.

3. **Luca e sua madre** A amano lo stesso tipo di film. B non condividono
   lo stesso genere di film. C sono andati insieme al cinema.
   D non raccomandano questo film.

4. **I protagonisti del film sono** A due genitori. B una madre e una figlia.
   C una coppia e i loro figli. D quattro amici.

5. **I genitori vanno in crisi perché** A i figli sono ambiziosi. B non hanno
   una sicurezza finanziaria. C il marito perde il lavoro.
   D non si sentono realizzati.

6. **La figlia vuole fare carriera nel mondo** A del cinema.
   B della televisione. C degli affari. D della politica.

B. Rispondi alle seguenti domande con una risposta completa.

1. Quanti film dello stesso regista ha visto Luca?_____

_____

_____

2. Perché Luca non era molto entusiasta di andare a vedere questo film?_____

_____

_____

3. Che cosa voleva fare da giovane Giulia?_____

_____

_____

4. Che carriera ha poi seguito Giulia?_____

_____

_____

5. Che cosa avrebbe voluto fare da giovane Carlo?_____

_____

_____

6. Che lavoro ha finito per fare Carlo?_____

_____

_____

7. Perché il comportamento della loro figlia li ha messi in crisi?_____

_____

_____

8. Come reagisce Valentina di fronte agli ostacoli?_____

_____

_____

C. Le parole tra parentesi nel testo sono sbagliate. Scrivi la forma corretta.

Bianca: I protagonisti principali sono quattro: padre, madre e due figli, una ragazza di 17 anni (del) [1]_____ nome Valentina e un ragazzo chiamato Paolo. I genitori Giulia e Carlo sono una coppia (nello) [2]_____ mezzo di una crisi matrimoniale, entrambi sono delusi per non aver realizzato le loro ambizioni. Giulia (di) [3]_____giovane sognava (a) [4]_____diventare attrice di teatro e invece finisce (di) [5]_____ fare l'insegnante. Il sogno di Carlo era di diventare romanziere e invece lavora (nella) [6]_____ una società finanziaria.

Lorenzo: Perché hanno fatto una carriera diversa (di) [7]_____quella che avevano sognato?

Luca: Quando si sono sposati ed hanno avuto i figli hanno pensato (chi) [8]_____ una carriera più 'tradizionale' garantisse (un) [9]_____ maggiore sicurezza finanziaria e così si sono adattati a dei lavori (chi) [10]_____ non erano molto gratificanti ma offrivano (uno) [11]_____ reddito sicuro.

Robert: E poi, cos'ha causato (i) [12]_____ loro crisi?

Bianca: Proprio il comportamento (da) [13]_____Valentina, la figlia maggiore, una ragazza molto sicura (con) [14]_____ sé e molto determinata a realizzare il suo sogno di diventare famosa. Desidera con tutte le sue forze (a) [15]_____ diventare una velina della televisione e (da) [16]_____ raggiungere il suo scopo non si ferma davanti (di) [17]_____ nulla.

Luca: Anche lei, come i suoi genitori, ha grandi ambizioni ma, contrariamente (di) [18]_____loro, non si arrende di fronte (all') [19]_____ostacoli che incontra, anzi gli ostacoli diventano per lei (un) [20]_____sfida maggiore.

Seconda parte

A. Scegli la risposta giusta.

1. **Quando Valentina cammina per strada** [A] nessuno la nota. [B] tutti la notano. [C] si nasconde per non farsi notare. [D] non osserva mai niente.

2. **Per ottenere notorietà Valentina** [A] decide di spendere molti soldi. [B] deve organizzare una mostra. [C] non deve avere relazioni con persone importanti. [D] non deve essere troppo scrupolosa.

3. **La madre decide di** [A] ricominciare a recitare. [B] ritornare all'università. [C] soffocare i suoi sogni. [D] lasciare il marito.

4. **Il padre decide di pubblicare il suo romanzo, ma...** [A] lo brucia facendo una fiamma nel caminetto. [B] rivive un vecchio amore. [C] non presenta il manoscritto alla casa editrice. [D] il manoscritto non è completo.

5. **Lorenzo ritiene che i genitori siano dei perdenti perché** [A] rinunciano a realizzare i loro sogni. [B] non si accontentano. [C] pensano che la loro vita sia favolosa. [D] non hanno una vita favolosa insieme.

6. **Luca vuole rivedere il film per** [A] imparare la colonna sonora. [B] accompagnare gli amici. [C] incontrare Emanuel in pizzeria dopo il film. [D] riascoltare bene i dialoghi.

B. Rispondi alle seguenti domande con una risposta completa.

1. Luca come descrive Valentina?_____

_____

_____

2. Perché in alcuni momenti Valentina sembra triste?_____

_____

_____

3. Com'è il fratello Paolo?_____

_____

_____

4. Perché Valentina mette in crisi i suoi genitori?_____

_____

_____

5. Che cosa riporta i genitori alla normalità?_____

_____

_____

6. Luca come giustifica la decisione dei genitori di non separarsi?_____

_____

_____

7. Perché, secondo David, è un film per tutte le età?_____

_____

_____

8. Cosa decidono di fare i ragazzi?_____

_____

_____

C. Scrivi una frase con ciascuna delle seguenti espressioni.

1. Non passare inosservato/a_____

_____

_____

2. Bucare lo schermo_____

_____

_____

3. A tutti i costi_____

_____

_____

4. Essere alle prese con_____

_____

_____

5. Mettere da parte_____

_____

_____

6. Accontentarsi di_____

_____

_____

7. A condizione che_____

_____

_____

8. Togliere il respiro_____

_____

_____

9. Rendersi conto_____

_____

_____

10. Mettersi in mostra_____

_____

_____

D. Scrivi almeno sei frasi rispondendo alla domanda: "Qual è il tuo sogno nel cassetto e come bisogna essere o cosa occorre avere per realizzarlo?"

Es: Io vorrei diventare un giocatore di calcio professionista. Per realizzare questo sogno bisogna avere costanza e determinazione.

1._____

_____

2._____

_____

3._____

_____

4._____

_____

5._____

_____

6._____

_____

E. Parliamo e scriviamo.

A. Parla di un film che hai visto recentemente e che ti è piaciuto molto.

B. Scrivi un dialogo tra te ed un amico/un'amica in cui descrivi un film che hai visto. Spiega anche perché gli/le consigli di andare a vederlo.

NOTE DIDATTICHE

Note on page 76 the expression **"Lo (il film) danno di nuovo domani."**
They will show it (the movie) again tomorrow.

The verb **'dare'** is used in several idiomatic expressions.
Here are some examples of the most common ones:

Dare un film / to show/screen a movie
Stasera **daranno** un film molto bello al cinema.
*Tonight **there is the screening** of a beautiful movie at the cinema.*

Dare un esame / to sit for an exam
Ieri **ho dato** un esame molto difficile.
*Yesterday **I sat for** a very hard exam.*

Una finestra/una porta/un balcone dà su... a window/a door/a balcony that
overlooks/looks out on...
La finestra della mia camera **dà sulla piscina**.
*My bedroom window **overlooks the swimming pool**.*

Tutti i balconi di questo palazzo **danno sulla strada principale**.
*All the balconies of this building **overlook the main road**.*

Dare alla testa / to go to one's head
Lo champagne **gli ha dato alla testa**.
*The champagne **went to his head**.*

Dare una festa / to throw a party
I Rossi **hanno dato una bellissima festa** per il loro anniversario di
matrimonio.
*The Rossi's **threw a beautiful party** for their wedding anniversary.*

Dare ragione/torto / to say that somebody is right/wrong
Mario **dà** sempre **ragione** a sua moglie.
*Mario **says** that his wife **is** always **right**.*

Dare la mano a qualcuno / to shake someone's hands
Dare del tu/del Lei / to address somebody informally or formally
Dare nell'occhio / to attract attention
Dare ascolto / to listen to someone
Dare il benvenuto / to welcome

Eserciziario
CAPITOLO QUINDICESIMO –
Il giorno degli esami s'avvicina

A. Scegli la frase giusta.

1. **Luca spera che il giorno degli esami** A arrivi presto.
   B non arrivi mai. C arrivi il più tardi possibile. D il suo professore non sia arrabbiato.

2. **David studia tanto, ma** A non ricorda molto. B non ricorda nulla.
   C ricorda solo le cose più importanti. D ricorda solo la formula dell'acqua.

3. **Lorenzo non ha problemi perché** A è molto intelligente.
   B memorizza tutto facilmente. C studia moltissimo. D ha un elefante come portafortuna (*goodluck-charm*).

4. **La madre si arrabbia quando Luca** A studia davanti alla TV.
   B mangia davanti alla TV. C sfonda a calci la poltrona. D si sdraia sul divano davanti alla TV.

5. **Quando Giulia va al parco** A parla anche con altre persone.
   B gioca solo con Bonnie. C gioca solo a tennis. D ascolta solo la musica dal walkman.

6. **Emanuel** A studia costantemente. B non studia mai. C studia solo quando gli esami si avvicinano. D non studia perché va al mare.

7. **Luca è dispiaciuto perché sua madre** A impazzisce per colpa sua.
   B è povera. C non sta bene. D non gli vuole bene.

8. **Secondo David, Luca ha gli occhi rossi perché** A si è entusiasmato.
   B si è arrabbiato. C si è annoiato. D si è commosso.

B. Rispondi alle seguenti domande con una risposta completa.

1. Di che cosa parlano oggi i ragazzi?_____
_____
_____

2. Qual è il problema di Christian?_____
_____
_____

3. Secondo Robert, qual è la cosa più importante che i ragazzi dovrebbero imparare?_____
_____

4. Che consigli dà a Luca suo padre?_____
_____
_____

5. Che cosa è molto consolante per Luca?_____

_____

_____

6. Che cosa rilassa Bianca quando è troppo stanca?_____

_____

_____

7. Perché Erika non riesce a gestire bene il tempo?_____

_____

_____

8. Come giustifica Luca gli occhi rossi?_____

_____

_____

C. Unisci le frasi a destra con i significati equivalenti a sinistra.

1. essere sfinito	**a.** confondersi completamente
2. essere dietro l'angolo	**b.** ricordare tutto
3. fare un buco nell'acqua	**c.** sul pianeta
4. una memoria di ferro	**d.** essere molto conosciuto/a
5. andare su tutte le furie	**e.** essere stanchissimo
6. sulla faccia della terra	**f.** non ottenere niente
7. essere proverbiale	**g.** essere vicino
8. scambiare quattro chiacchiere	**h.** arrabbiarsi tanto
9. portare di peso fuori	**i.** parlare del più e del meno
10. andare in tilt	**l.** costringere ad uscire

D. Metti i verbi tra parentesi nel Passato Prossimo.

1. (Studio) _____ in media quattro ore ogni pomeriggio ma il giorno dell'esame (mi sembra)_____ di non ricordare niente.

2. A te (basta) _____ leggere una volta e (ricordi) _____ tutto.

3. A volte (sto) _____ ore ed ore a studiare ma i risultati (fanno) _____pena.

4. Altre volte (riesco) _____ a fare molto in pochissimo tempo.

5. Questo (fa)_____ andare mia madre su tutte le furie.

6. Mia madre (si lamenta) _____ sempre di me con le sue amiche.

7. Io (faccio) _____ una bella nuotata in piscina e dopo
(mi sento) _____ di nuovo in perfetta forma.

8. Quando il livello di concentrazione (si abbassa) _____,
(prendo) _____ il mio walkman e (vado) _____ a
fare una bella passeggiata.

9. Io (esco) _____ con il mio walkman, (porto) _____
anche la pallina da tennis e (gioco)_____ con il mio cagnolino.

10. (Incontro) _____ altri ragazzi e (scambiamo)
_____ quattro chiacchiere.

11. Quando (ritorno) _____ a casa (ricomincio) _____
a studiare con una mente più fresca.

12. Io non (so) _____ gestire affatto il mio tempo.

13. Qualche volta mia madre (capisce) _____ la mia frustrazione
e (mi forza) _____ ad uscire. (Ci mettiamo)_____
le scarpette da tennis e (andiamo) _____ insieme a fare footing.

14. La verità è che io (studio) _____ poco durante il semestre
e poi (mi ritrovo) _____ con un mare di cose da
studiare prima dell'esame.

E. Metti i verbi tra parentesi nel Futuro.

1. Ho promesso ai miei genitori che (studiare) _____ in
media quattro ore ogni pomeriggio ma sono sicura che il giorno dell'esame
non (ricordare) _____ niente.

2. A te (bastare) _____ leggere una volta e (tu-ricordare)
_____ tutto.

3. Io so già che (io-stare) _____ ore ed ore a studiare ma i
risultati (fare) _____ pena.

4. Io (cercare) _____ di studiare più del solito.

5. Questo (fare)_____ andare mia madre su tutte le furie.

6. Mia madre (lamentarsi) _____ sempre di me con le
sue amiche.

7. Voi (fare) _____ una bella nuotata in piscina e dopo (voi-sentirsi)
_____ di nuovo in perfetta forma.

8. Quando il livello di concentrazione (abbassarsi) _____,
noi (chiudere) _____ i libri e (andare) _____ a fare
una bella passeggiata.

9. Io (uscire) _____ con il mio walkman, (portare) _____

la pallina da tennis e (giocare) _____ con il mio cagnolino.

10. Robert ed Emanuel (incontrare) _____ altri ragazzi

e (scambiare) _____ quattro chiacchiere.

11. Quando loro (ritornare) _____ a casa (sentirsi)

_____ meglio.

12. Io non (imparare) _____ mai a gestire il mio tempo.

13. Qualche volta mia madre (capire) _____ la mia frustrazione e

mi (forzare) _____ ad uscire. Io e lei (mettersi) _____

le scarpette da tennis e (andare) _____ insieme a fare footing.

14. Io (rifare) _____ il solito errore. (Studiare) _____

poco durante il semestre e poi (ritrovarsi) _____ con

un mare di cose da studiare prima dell'esame.

**F. Scrivi almeno sei frasi con le parole "Durante il tempo libero...
preferire/piacere... perché...." Ricordati di usare soggetti e tempi
diversi.**

*Es: Mio padre, durante il suo tempo libero, preferisce leggere un libro perché
si rilassa molto e nello stesso tempo impara sempre qualcosa di nuovo.*

1._____

_____

2._____

_____

3._____

_____

4._____

_____

5._____

_____

6._____

_____

G. Parliamo e scriviamo.

A. Descrivi il tuo metodo di studio, come affronti il periodo prima degli esami e in che modo cerchi di combattere lo stress da esami.

B. Scrivi un dialogo con dei tuoi amici in cui parlate di come studiate e come vi sentite quando il giorno degli esami si avvicina.

NOTE DIDATTICHE

Note on page 78 the expression **"in media" (on average)**. It's a 'locuzione avverbiale,' meaning an expression formed by two or more words which take the function of an adverb. **In media = mediamente**

Here is a list of the most common *locuzioni avverbiali* and their equivalent adverbs:

all'improvviso/senza preavviso	improvvisamente
sul serio	seriamente
allo stesso tempo/nel contempo	contemporaneamente
in fretta e furia/di corsa	frettolosamente/velocemente
per fortuna/per sfortuna	fortunatamente/sfortunatamente
di solito	solitamente
in genere/per lo più	generalmente
con cura/con precisione	accuratamente/precisamente
di norma/di regola	normalmente/regolarmente
per caso/per puro caso	casualmente/accidentalmente
di certo/di sicuro	certamente/sicuramente
per ora/per il momento	provvisoriamente/temporaneamente
al giorno d'oggi/oggigiorno	attualmente
di rado/quasi mai/rare volte	raramente
di tanto in tanto/ogni tanto	saltuariamente
di pari passo/in concomitanza	contemporaneamente
di punto in bianco	inaspettatamente
tutto di un colpo/ad un tratto	istantaneamente/subitamente
spesse volte	frequentemente/sovente
in tutta sincerità/franchezza	sinceramente/francamente
di natura/per natura	naturalmente
con forza/per forza/di forza	forzatamente
a tutta forza	speditamente
di conseguenza	conseguentemente
di proposito	intenzionalmente
a proposito	incidentalmente
a proposito di...	relativamente a...
in pratica	praticamente
in persona/di persona	personalmente
di buon' ora	presto

Eserciziario
CAPITOLO SEDICESIMO – Diversi punti di vista

A. Scegli la frase giusta.

1. Filippo è un ragazzo A semplice. B buffo. C disinteressato.
D ben informato.

2. Secondo Filippo, gli studenti italiani A studiano solo le materie
scientifiche. B non studiano la filosofia. C non fanno esperimenti nei
laboratori. D studiano meno materie degli studenti australiani.

**3. Filippo è convinto che i rapporti tra i professori e gli studenti
australiani sono** A molto informali. B formali.
C per niente amichevoli. D problematici.

4. Secondo Filippo, la divisa A esprime la personalità degli studenti.
B aiuta gli studenti a socializzare. C non permette di essere degli
individui. D non è facile da indossare.

5. Secondo Luca, per gli studenti italiani A non è importante come si
vestono. B è importante avere vestiti di marca.
C i soldi non sono importanti. D è importante avere una barca.

6. Secondo Filippo, la scuola unisex è un sistema
A ottimo. B accettabile. C moderno. D antiquato.

7. Luca avrebbe voluto frequentare A una scuola mista.
B una scuola cattolica. C una scuola privata. D una scuola pubblica.

8. Luca vorrebbe vedere le ragazze A solo fuori dalla scuola.
B tutti i giorni. C solo a scuola. D solo alle feste.

B. Rispondi alle seguenti domande con una risposta completa.

1. Quali sono, secondo Filippo, le maggiori differenze tra il sistema scolastico
italiano e quello australiano?_____

_____

2. Che cosa ha notato Filippo nei rapporti tra i professori e gli studenti
australiani?_____

_____

3. Filippo come giustifica la sua opposizione alla divisa?_____

_____

4. Perché Luca non condivide l'opinione di Filippo?_____

_____

_____

5. Secondo Luca, qual è la maggiore ossessione degli studenti italiani?_____

_____

_____

6. Perché, secondo Filippo, alcuni ragazzi hanno bisogno di abiti firmati?____

_____

_____

7. Perché Filippo trova strane le scuole unisex?_____

_____

_____

8. Qual è l'opinione di Luca?_____

_____

_____

9. Perché Filippo accusa Luca di essere _politically incorrect_?_____

_____

_____

C. Scrivi cinque frasi con il verbo 'lasciare' seguito da un altro verbo nell'infinito, secondo l'esempio.

Es: Mamma, per favore, lascia fare a me!

1._____

_____

2._____

_____

3._____

_____

4._____

_____

5._____

_____

D. Completa con le preposizioni mancanti.
[a, da, dei, di, in, per, tra]

Luca ha trascorso la domenica [1]_____ casa [2]_____ amici [3]_____ suoi
genitori. C'era molta gente interessante. C'era anche un ragazzo italiano,
precisamente [4]_____ Bologna, [5]_____ nome Filippo. È un ragazzo molto
anticonformista, si veste [6]_____ maniera originale e ha un taglio [7]_____
capelli piuttosto eccentrico. Mostra un'incredibile sicurezza [8]_____ se stesso
e sembra avere una risposta precisa [9]_____ tutto. S'intende [10]_____
letteratura, [11]_____ relazioni internazionali, [12]_____ storia, [13]_____
politica e soprattutto [14]_____ musica. Infatti fa il dj [15]_____ una discoteca
[16]_____ Bologna. Sta facendo un'esperienza [17]_____ studio [18]_____ una
scuola [19]_____ Sydney. È qui già [20]_____ un mese e vi rimarrà [21]_____
almeno altri cinque. Durante il pranzo ha avuto luogo una discussione molto
animata. Il seguente dialogo avviene [22]_____ Luca e Filippo.

**E. Scrivi almeno sei frasi rispondendo alla domanda: "Come deve
essere o cosa deve avere il mio ragazzo/la mia ragazza ideale?"**

*Es. La mia ragazza ideale deve avere un forte senso dell'umorismo, perché
penso che in un rapporto di coppia sia importante divertirsi.*

1._____

2._____

3._____

4._____

5._____

6._____

_____

F. Parliamo e scriviamo.

A. Com'è la tua scuola paragonata a quelle descritte nel dialogo? Esprimi anche le tue opinioni sul concetto della divisa e della scuola unisex.

B. Scrivi un dialogo tra te e dei tuoi amici in cui parlate dei vantaggi e degli svantaggi della scuola unisex e della divisa. Esprimete le vostre opinioni sulla base della vostra personale esperienza scolastica.

NOTE DIDATTICHE

Note on page 83 the expression **"lasciami pensare!"** (*Let me think!*).

Often the verb **lasciare** is in the form of the imperative.

Here is a list of common expressions.

Lascia fare a me!
Leave it with me!

Lasciami stare!
Leave me alone!

Lasciami pensare!
Let me think!

Lasciatemi pagare!
Let me pay!

Lasciami in pace!
Let me be! / Leave me in peace!

Lasciategli spiegare come stanno le cose!
Let him explain how things are!

Eserciziario
CAPITOLO DICIASSETTESIMO –
Durante gli esami: che stress!

A. Scegli la frase giusta.

1. Nell'esame d'inglese, Luca A non ha risposto a nemmeno una
domanda. B è molto soddisfatto. C non voleva cambiare niente.
D avrebbe voluto cambiare alcune risposte.

2. Secondo Lorenzo, bisognerebbe A studiare autori classici.
B non studiare affatto la letteratura. C studiare autori moderni.
D non cambiare niente.

3. Secondo Bianca, gli studenti italiani sono A più sfortunati.
B più fortunati. C più privilegiati. D più analfabeti.

4. Secondo Christian, l'esame di economia conteneva
A troppe domande. B troppe domande a risposta multipla.
C domande astute. D domande stupide.

5. Robert è sicuro che l'esame di matematica A l'ha superato.
B non l'ha superato. C è andato cosi così. D non l'ha completato.

6. Secondo Emanuel, l'arte è l'unica materia in cui A è bravo.
B non farà mai bene. C è mediocre. D non ha un talento naturale.

7. David pensa che Emanuel diventerà un artista A sconosciuto.
B conosciuto solo a Sydney. C conosciuto solo in Italia.
D conosciuto in tutto il mondo.

8. Secondo Emanuel, un artista diventa famoso quando A è ancora in
vita. B è troppo vecchio. C non è più in vita. D quando è ancora
giovane.

B. Rispondi alle seguenti domande con una risposta completa.

1. Quali cambiamenti ci sono nel comportamento dei ragazzi?_____

_____

_____

2. Perché, secondo Luca, bisognerebbe studiare autori più moderni?_____

_____

_____

3. Perché Erika non è d'accordo?_____
_____
_____

4. Chi è Dante Alighieri?_____
_____
_____

5. Che cos'è *La Divina Commedia*?_____
_____
_____

6. Perché Bianca dice che per gli studenti italiani è un incubo studiare *La Divina Commedia*?_____
_____
_____

7. Perché, secondo Luca, alcuni professori sono un po' sadici?_____
_____
_____

8. Secondo te, David è un po' sarcastico quando dice che Emanuel diventerà famoso e perché?_____
_____
_____

C-1. Trasforma i seguenti dialoghi da discorso diretto in discorso indiretto.

1. Emanuel dice: "Per me l'esame d'inglese era molto difficile, Hamlet non mi sta molto simpatico e sono riuscito a scrivere poco più di tre pagine...."
_____
_____

2. Luca dice: "Anch'io trovo Shakespeare un po' noioso, ho scritto più di quattro pagine. Quando le ho rilette non ero molto soddisfatto, ma non avevo più il tempo di cambiare."
_____
_____

3. Lorenzo dice: "In inglese credo di avere risposto correttamente a tutte le domande. Però a volte mi domando perché dobbiamo studiare i classici."
_____
_____

4. Luca dice: "Sono perfettamente d'accordo. A me piacerebbe di più studiare autori contemporanei, in cui noi possiamo identificarci."

_____

_____

5. Emanuel dice: "Io in matematica non ho completato neanche la prima sezione, ho fatto un vero disastro, ma me l'aspettavo."

_____

_____

6. Emanuel dice: "In compenso credo di essere andato bene all'esame di arte. Anzi lo spero proprio perché è l'unico campo in cui mi salvo.... Mi è sempre piaciuto disegnare."

_____

_____

_____

C-2. Se l'insegnante lo ritenesse possibile, potrebbe chiedere agli studenti di mettere i verbi dei dialoghi precedenti nei tempi passati.

D. Completa con i pronomi personali "mi" o "me."

1. David: Per quanto_____riguarda, gli esami non sono particolarmente difficili.

2. Emanuel: Per _____ l'esame d'inglese era molto difficile, sarà che Hamlet non _____ sta molto simpatico.

3. Lorenzo: A volte _____ domando perché dobbiamo studiare i classici e non autori più contemporanei.

4. Luca: A _____ piacerebbe di più studiare autori che affrontano problematiche più contemporanee.

5. Emanuel: Io in matematica ho fatto un vero disastro ma _____ l'aspettavo.

6. Emanuel: Spero di essere andato bene in arte perché è l'unico campo in cui _____salvo.

7. Emanuel: _____ è sempre piaciuto disegnare, sin da piccolo.

8. David: Un giorno sarai famoso Emanuel, _____ lo sento.

E. Scrivi almeno sei frasi con le parole "Secondo... un capolavoro mondiale nel campo della letteratura/ pittura/ scultura/ architettura è ... che.... " Ricordati di usare soggetti diversi.

Es: Secondo il mio professore di arte, un capolavoro mondiale nel campo della scultura è il Davide di Michelangelo, che si trova nell'Accademia delle Belle Arti a Firenze.

1._____

_____

2._____

_____

3._____

_____

4._____

_____

5._____

_____

6._____

_____

F. Parliamo e scriviamo.

A. Sei nel mezzo degli esami. Parlane con i tuoi amici e scambiate tra di voi opinioni e preoccupazioni: sono troppo difficili / facili / lunghi / brevi. Dite anche come li state affrontando: siete calmi / agitati / concentrati / deconcentrati / stanchi / stressati, ecc.

B. Scrivi un dialogo con dei tuoi amici in cui parlate degli esami che avete già fatto e di come vi sentite.

Eserciziario

CAPITOLO DICIOTTESIMO –
Kebab, spaghetti e moussaka: viva il multiculturalismo!

Prima parte

A. Scegli la frase giusta.

1. Erika abita A vicino agli uffici. B nel mezzo di un parcheggio.
C lontano dal centro. D sopra un negozio.

2. L'anatra alla pechinese è A un vaso cinese. B un piatto tipico cinese.
C un ristorante cinese. D una donna di Pechino.

3. Il teppanyaky è A un giardino giapponese. B un giocatore di sumo.
C un tipo di cucina giapponese. D un cameriere giapponese.

4. Secondo Giulia, A nessun'altra cucina batte quella italiana. B la cucina
italiana non è molto esotica. C solo la pizza è insuperabile. D il buon
umore dipende dalla pizza.

5. Secondo Luca, nel sud e nel nord dell'Italia ci sono diversi modi di
A vivere. B mangiare. C produrre il burro. D cucinare il riso.

6. Luca dice che alcuni ristoranti italiani A non servono mai piatti
occidentali. B non servono mai piatti particolari. C servono piatti
orientali. D servono piatti molto originali.

B. Completa il testo inserendo le preposizioni giuste.
[a, al, alla, all', con, d', di, da, di, dei, del, della, delle, degli, in, per, tra]

Solo la vista [1]_____una pizza o [2]_____fettuccine [3]_____bolognese o
[4]_____penne [5]_____amatriciana mi mette [6]_____buon umore.
Senza parlare [7]_____lasagna, [8]_____cannelloni, [9]_____gnocchi,
[10]_____spaghetti [11]_____carbonara, [12]_____bruschetta, [13]_____
pollo [14]_____cacciatora. Mi viene l'acquolina [15]_____bocca solo
[16]_____pensarci.... Infatti più che [17]_____cucina italiana, dovremmo
parlare [18]_____cucina regionale. L'Italia è costituita [19]_____venti
regioni. Gli italiani [20]_____sud e quelli [21]_____nord hanno anche
abitudini alimentari diverse. [22]_____esempio [23]_____sud fanno molto
uso [24]_____pasta e [25]_____olio [26]_____oliva, [27]_____nord invece
consumano più riso e burro. [28]_____tanto [29]_____tanto, [30]_____i miei
genitori andiamo [31]_____un ristorante italiano dove fanno dei piatti molto
particolari. [32]_____esempio fanno [33]_____interessanti combinazioni

[34]_____la cucina occidentale e quella orientale. Un antipasto [35]_____il quale vado matto è il carpaccio [36]_____tonno, condito [37]_____olio [38]_____oliva e la salsa [39]_____soia. Provare [40]_____credere.

C. Completa il testo con 18 delle 20 parole nella lista.

aria	preferisco	villetta	supersonica	fa	vado	bisogno	versa
me	griglia	che	spezie	salsa	più	pechinese	società
		qualsiasi	paio	clienti	spicchi		

Io adoro la carne alla [1]_____ anche se mi piace mangiare altre cose.

A Sydney troviamo [2]_____ tipo di cucina e di alto livello.

Non hai [3]_____ di andare a Pechino per una buon'anatra alla [4]_____.

Un [5]_____ di settimane [6]_____ sono andato con i miei in un ristorante vietnamita, credetemi ragazzi, tutto quello [7]_____ abbiamo ordinato era buono....

Io, come cucina esotica, [8]_____ quella giapponese. Secondo [9]_____la varietà della cucina giapponese è la [10]_____ricca di tutte.

Io [11]_____ pazzo per il teppanyaky....

È un modo di cucinare il cibo davanti ai [12]_____. È anche molto spettacolare, lo chef fa girare per [13]_____ piatti, fa volare coltelli, scodelle, uova, affetta [14]_____ d'aglio, lo zenzero, taglia le verdure, [15]_____ l'olio o la [16]_____ di soia e aggiunge sale, pepe e tante altre [17]_____ orientali, il tutto ad una velocità [18]_____.

Seconda parte

A. Scegli la frase giusta.

1. **Il ristorante cinese è vicino** [A] allo zoo. [B] ad un teatro famoso.
[C] ad un allevamento di coccodrilli. [D] ad un allevamento di struzzi.

2. **I gruppi etnici che vivono in Australia sono** [A] più di cento.
[B] meno di cento. [C] esattamente cento. [D] più di venti.

3. **Oggigiorno, in una società multiculturale, ogni gruppo etnico**
[A] deve abbandonare la sua cultura. [B] può conservare la sua cultura nel
rispetto della cultura locale. [C] non deve rispettare la cultura degli altri
gruppi etnici. [D] non ha nessun obbligo.

4. **Per 'americanizzazione' s'intende** [A] integrazione nella cultura
americana. [B] rinuncia alla cultura americana. [C] soggiorno in America.
[D] assimilazione alla cultura americana.

5. **Secondo Emanuel, il multiculturalismo** [A] arricchisce una società.
[B] impoverisce una società. [C] è un pericolo per una società.
[D] è uno svantaggio per una società.

6. **I ragazzi si considerano fortunati di vivere in una società
multietnica perché possono** [A] parlare tante lingue. [B] mangiare
sempre le stesse cose. [C] vestirsi in maniera diversa.
[D] essere esposti a culture e cibi diversi.

B. Rispondi alle seguenti domande con una risposta completa.

1. Cosa cucinano di così particolare nel ristorante cinese che piace a
Christian?_____

_____

2. Come vivono i diversi gruppi etnici in Australia?_____

_____

_____

3. Quali sono gli effetti del multiculturalismo in una società?_____

_____

_____

4. Qual è, secondo Lorenzo, il modo per avvantaggiarci del multiculturalismo?_____

_____

5. Secondo Erika, che rischio ci sarebbe per gli australiani se non ci fosse il multiculturalismo?_____

_____

C. Scegli la forma giusta delle parole in neretto (*boldfaced*).

Luca: [1] **Avete/Siete/Sarete** mai stati in un ristorante cinese vicino [2]**all'/dell'/nell'** *Opera House* dove servono [3] **la/le/i** carne di canguro, di coccodrillo e [4] **del/di/degli** struzzo alla cinese? Una vera delizia... provare per credere....

Bianca: Tutto questo grazie [5] **al/di/dal** multiculturalismo, cioè alla convivenza di tanti gruppi [6] **delle/dei/di** persone provenienti [7]**dalla/da/di** ogni parte [8] **del/nel/per** il mondo. Se non [9]**vado/sono/ho** errata in Australia vivono circa centoventi diversi gruppi etnici.

Robert: Sì, più [10] **o/che/di** meno, sono tantissimi eh? Pensate [11] **a/di/alle** quante culture diverse convivono all'interno [12] **di/della/dalla** stessa comunità. E senza grossi conflitti, anzi....

David: Ho sentito che è stato il governo laburista dell'allora primo ministro Gough Whithlam [13] **alla/a/alle** fine [14] **degli/di/dei** anni Sessanta che [15] **è/ha/avrà** incoraggiato il multiculturalismo attraverso il mantenimento delle lingue e delle culture etniche. Se ci pensate, la ricchezza culturale [16]**chi/che/quale** deriva dalle diversità [17] **è/sono/ha** enorme. Non solo nella cucina ma anche in tanti altri campi.

Emanuel: [18] **In fatto/Infatti** fino ad alcuni decenni fa la politica [19]**dei/di/dai** governi incoraggiava [20] **l'/la/le** assimilazione dei vari gruppi etnici alla cultura australiana. La stessa cosa [21]**succedeva/succedevano** in altri Paesi. [22] **Negli/In/Nei** Stati Uniti 'l' americanizzazione' era un obbligo! Oggi invece la tendenza è di andare verso l'integrazione.

D. Unisci le espressioni della colonna a sinistra con quelle corrispondenti a destra.

1. alla griglia	**a.** non gratis
2. vietnamita	**b.** un pizzico/un po' di
3. affettare	**c.** dell'epoca
4. mettere di buon umore	**d.** conservazione
5. insuperabile	**e.** arrostita/alla brace
6. senza parlare	**f.** sbagliarsi
7. villetta a schiera	**g.** coesistenza
8. a pagamento	**h.** tagliare a fette
9. bruschetta	**i.** abitante di Hanoi
10. meridionale	**l.** rallegrare
11. un tocco	**m.** impareggiabile
12. andare errato/a	**n.** per non menzionare
13. mantenimento	**o.** casetta con giardino
14. dell'allora	**p.** pane abbrustolito
15. convivenza	**q.** abitante del sud di un paese

E. Scrivi almeno sei frasi con le parole: "Se potessi scegliere, vorrei vivere in/a... perché...."

Es: Se potessi scegliere, vorrei vivere alle Hawaii perché amo il mare, le spiagge dalla sabbia bianca e il clima tropicale.

1._____

_____

2._____

_____

3._____

_____

4._____

_____

5._____

_____

6._____

_____

F. Parliamo e scriviamo.

A. Cosa pensi del multiculturalismo? Quali sono i vantaggi o gli svantaggi del multiculturalismo? Il tuo è un paese multiculturale?

B. Scrivi un dialogo tra te e degli amici in cui parlate del multiculturalismo. Scambiate le vostre opinioni su come il vostro paese affronta e regola la coesistenza di vari gruppi etnici.

C. Preferisci la cucina esotica oppure quella tradizionale? Quando vai a mangiare fuori o vai in vacanza, ti piace assaggiare piatti nuovi, oppure preferisci andare sul sicuro (*to play safe*)?

D. Tu e i tuoi amici avete deciso di cenare fuori. Scrivi un dialogo in cui dovete decidere in quale ristorante andare (italiano, cinese, giapponese, tailandese, greco, ecc.) e spiegate anche la ragione della vostra preferenza.

Eserciziario
CAPITOLO DICIANNOVESIMO –
Gli esami sono finiti... che sollievo!

Prima parte

A. Scegli la risposta giusta.

1. Ora che gli esami stanno per finire, i ragazzi [A] sono felici.
[B] hanno sentimenti misti. [C] non sono felici. [D] non sono sollevati.

2. David pensa che [A] avrà un po' di nostalgia della scuola. [B] non gli
mancherà la scuola. [C] gli mancheranno gli insegnanti.
[D] non gli mancheranno gli amici.

3. Adrian ha preso in giro Luca perché [A] era il più alto della classe.
[B] non era intelligente. [C] era il più basso della classe. [D] non era bello.

4. Luca e i suoi amici durante il campeggio [A] si sono cambiati tutti i
giorni. [B] non si sono mai lavati. [C] si sono cambiati solo i calzini.
[D] non si sono mai cambiati.

5. Durante un ritiro spirituale, Luca si è comportato da ragazzo
[A] maturo. [B] immaturo. [C] irresponsabile. [D] insensibile.

6. Lorenzo adesso è solo interessato a programmare [A] gli studi
universitari. [B] il lavoro. [C] una vacanza. [D] una grande festa.

B. Rispondi alle seguenti domande con una risposta completa.

1. Perché il bar è un posto importante per i ragazzi?_____
_____
_____

2. Di che cosa erano preoccupate le mamme di David e Luca?_____
_____
_____

3. Perché Adrian non piaceva a nessuno?_____
_____
_____

4. Com'erano i ragazzi, quando sono ritornati dal campeggio e perché?_____
_____
_____

5. Come ha reagito la mamma di Luca in macchina?_____

_____

_____

6. Che cosa è successo durante il ritiro spirituale?_____

_____

_____

7. Perché la mamma di Luca era orgogliosa?_____

_____

_____

8. Quali sono i sentimenti di Lorenzo?_____

_____

_____

C-1. Trasforma i seguenti dialoghi da discorso diretto in discorso indiretto.

1. Luca dice: "Aspettavo tanto questo momento, ma quasi quasi mi sento un po' triste...."_____

_____

_____

2. Robert risponde: "Io sono felicissimo.... Appena arrivo a casa voglio buttare tutti i libri, anzi farò un falò in giardino."_____

_____

_____

3. David dice: "Anch'io pensavo di fare la stessa cosa, ma adesso non ne sono più tanto sicuro... penso che mi mancheranno molte cose di questi anni di scuola."_____

_____

_____

4. Luca dice: "Io non li dimenticherò mai. Per me sono stati gli anni più belli della mia vita."_____

_____

_____

5. Robert dice: "Ricordo molto bene quando, durante il nostro primo ritiro spirituale, il professore ci ha chiesto di parlare dei nostri problemi."

_____

_____

_____

6. Luca dice: "Mia madre ha fatto delle fotografie, David ed io eravamo i più bassi di tutti, anzi io ero persino più basso di David e le nostre mamme erano molto preoccupate." _____

_____

_____

7. Lorenzo domanda: "Vi ricordate, quando siamo andati in campeggio e le nostre mamme avevano messo tanti vestiti nei nostri zaini?" _____

_____

_____

8. Luca aggiunge: "Siamo ritornati con gli stessi vestiti con cui eravamo partiti. Non ci siamo cambiati per tre giorni...." _____

_____

_____

C-2. Se l'insegnante lo ritenesse possibile, potrebbe chiedere agli studenti di mettere i verbi dei dialoghi precedenti nei tempi passati.

Seconda parte

A. Scegli la frase giusta.

1. I ragazzi programmano una vacanza in [A] Europa. [B] Inghilterra. [C] Francia. [D] Italia.

2. Robert è particolarmente entusiasta perché sarà [A] la prima vacanza con gli amici. [B] il primo viaggio all'estero. [C] un viaggio molto breve. [D] una vacanza molto costosa.

3. Luca farà da guida perché [A] conosce tutta l'Italia. [B] conosce la storia dell'arte italiana. [C] è di origine italiana. [D] è fluente in italiano.

4. Lorenzo è particolarmente interessato [A] alle gioiellerie di Firenze. [B] ai mercatini di Firenze. [C] alle ragazze di Firenze. [D] ai monumenti di Firenze.

5. I ragazzi sono un po' preoccupati perché [A] avranno una vacanza noiosa. [B] non troveranno posto sull'aereo. [C] non avranno abbastanza soldi per questa vacanza. [D] la vacanza sarà troppo breve.

6. Robert propone di andare a dormire [A] negli alberghi a cinque stelle. [B] negli ostelli per i giovani. [C] sotto i ponti. [D] nei sacchi a pelo.

B. Rispondi alle seguenti domande con una risposta completa.

1. I ragazzi dove pensano di trascorrere più tempo e perché?_____

_____

_____

2. Quale città conosce meglio Luca e perché?_____

_____

_____

3. Cosa propone di fare David?_____

_____

_____

4. Perché Luca è preoccupato del costo della vacanza?_____

_____

_____

5. Chi ha più soldi di tutti?_____

_____

_____

6. Chi sono completamente senza soldi?_____

_____

_____

7. Cosa propone Christian?_____

_____

_____

8. Chi è il più ottimista di tutti e perché?_____

_____

_____

C. Metti i verbi tra parentesi nel Passato Prossimo o nell'Imperfetto.

(Noi-Avere) [1]_____ in tutto due mesi di vacanza. (Noi-Andare)
[2]_____in Inghilterra, Francia, Spagna e Italia.
(Noi-trascorrere) [3]_____ un mese in Italia, così (noi-potere)
[4]_____ praticare l'italiano.

Prima di partire, tutti noi (sognare) [5]_____ad occhi aperti e
non (vedere) [6]_____l'ora di partire. Per Robert
(essere) [7]_____ il primo viaggio fuori dall'Australia. Lui non
(stare) [8] _____ nei suoi panni dalla felicità. Luca (fare)
[9] _____ da cicerone. (Lui-Essere) [10] _____
quello che (parlare) [11]_____ italiano meglio di tutti gli altri.

Luca (conoscere) [12]_____ Firenze come le sue tasche, perché i
suoi nonni vi hanno un appartamento. Gli (noi-chiedere) [13]_____
di usarlo, mentre (noi-essere) [14]_____ lì.

L'appartamento non (essere) [15]_____ nel centro di Firenze,
ma (essere) [16]_____ servito molto bene dai mezzi pubblici.

(Noi-recarsi) [17]_____ in Piazza della Signoria. (Noi-Salire)
[18]_____ sul Campanile di Giotto a vedere i tetti dei palazzi di
Firenze, (noi-ammirare) [19]_____ il Davide di Michelangelo,
(noi-attraversare) [20]_____ il famoso Ponte Vecchio.

D. Unisci le frasi a sinistra con il loro significato a destra.

1. comprare a buon mercato	a. avere una gran paura
2. nessuno lo poteva soffrire	b. litigare facilmente
3. mi prendi in giro	c. possono finalmente rilassarsi
4. tirano un sospiro di sollievo	d. non ha segreti per me
5. non sto nei miei panni dalla felicità	e. ti prendi gioco di me
6. conosco la mia città come le mie tasche	f. spendere poco
7. essere un attaccabrighe	g. sono al massimo della gioia
8. avere una fifa terribile	h. non era simpatico alla gente

E. Scrivi almeno sei frasl cominciando con "Se potessi scegliere, vorrei essere... perché...."

Es: Se potessi scegliere, vorrei essere Madonna perché mi piace la sua musica e mi piacerebbe avere la sua popolarità tra tanti milioni di giovani, in qualsiasi parte del mondo.

1._____

_____

2._____

_____

3._____

_____

4._____

_____

5._____

_____

6._____

_____

F. Parliamo e scriviamo.

A. Hai deciso di fare una lunga vacanza. Fà un programma in cui specifichi se vuoi andare da solo/a o con qualcuno, le date, il posto, l'itinerario, i punti di maggiore attrazione.

B. Scrivi un dialogo in cui tu e dei tuoi amici programmate una lunga vacanza alla fine dell'anno scolastico. Parlate di quali posti vorreste visitare e perché.

NOTE DIDATTICHE

Note on page 99 the expression **"<u>si sono messi a ridere</u>"** *(they started laughing)*

Verb **mettersi**, when used in this context, means 'to start doing something.' It is always followed by the preposition 'a' and by the infinitive of another verb.

Here are some examples:

Quando Maria ha sentito questa brutta notizia, **si è messa a piangere**.
*When Maria heard the bad news, **she started to cry**.*

Oggi **mi metto a lavorare** sul serio al mio nuovo progetto.
*Today **I'll begin working** seriously on my new project.*

Stavo per uscire, ma **si è messo a piovere**.
*I was going out, but **it started to rain**.*

Domani Gianni ed io **ci metteremo a cercare** una casa da comprare.
*Tomorrow Gianni and **I will start to look for** a house to buy.*

TITLES AVAILABLE FROM EDIZIONI FARINELLI

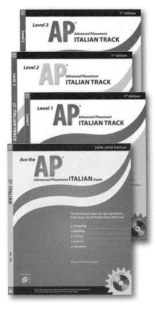

AP ITALIAN SERIES

Level 4 Ace the Advanced Placement® Italian Exam
ISBN 978-0-9723562-6-8 *NOW AVAILABLE*

Level 3 AP Advanced Placement Italian Track
ISBN 978-0-9786016-7-6 *AVAILABLE IN 2008*

Level 2 AP Advanced Placement Italian Track
ISBN 978-0-9786016-5-2 *AVAILABLE IN LATE 2007*

Level 1 AP Advanced Placement Italian Track
ISBN 978-0-9786016-1-4 *NOW AVAILABLE*

This workbook series, each with its own audio CD, is designed to prepare students for the Advanced Placement® (AP) Italian Language and Culture Exam administered annually by The College Board. The books can be used in class or as self-study tools. All five components of the exam are incorporated in the comprehensive practice exercises: listening, reading, writing, culture and speaking.

LISTENING AND COMPREHENSION

EDIZIONI FARINELLI **FILM STUDY PROGRAM**

La Meglio Gioventù   ISBN 978-0-9786016-2-1
Ciao, Professore!   ISBN 978-0-9786016-0-7
L'Ultimo Bacio   ISBN 978-0-9723562-3-7

These film study texts divide each film into 20-minute sequences for use in class or for self study to improve understanding of spoken Italian. They include comprehension exercises, grammar activities, vocabulary builders and cultural readings. They also are helpful for students preparing to take standardized tests in Italian, such as the Advanced Placement® exam.

IDIOMS AND EXPRESSIONS

Uffa!

Students can quickly build familiarity and develop a feel for how to use Italian idiomatic expressions by reading dialogues that explore issues foremost among young people – relationships with parents, friendship, school exams, choosing a career and more. The text also contains comprehension and grammar exercises as well as notes to clarify how certain verbs are used in idiomatic forms. An excellent AP® Italian preparation tool.

Separate answer key also available.

ISBN 978-0-9786016-3-8

CULTURE

Non soltanto un baule

This advanced-level Italian reader captures the struggles that millions of Italians experienced in their search for a better life outside of Italy. Each immigrant's story, told through the voices of descendants or friends, richly expresses the emotion, pride and heartbreak of their emigration to the United States, Australia, Argentina or Canada. This reader helps prepare students for the Advanced Placement® (AP) Italian Language and Culture Exam.

ISBN 978-0-9723562-5-1

TITLES AVAILABLE FROM EDIZIONI FARINELLI

READERS AND EXERCISES

Jean e Roscoe vanno a Perugia

An intermediate-level Italian reader recounting the month-long adventures of two students studying the language in Perugia, Italy while learning to cope with the Italian way of life. Includes exercises for comprehension, grammar, conversation, writing and vocabulary.

Separate answer key also available.

ISBN 978-0-9723562-1-3

Diario della studentessa Jean (2nd Edition)

An advanced beginner-level Italian reader containing 23 easily readable, brief stories ranging from memories of childhood and events of daily life to dialogues about Italian class.

ISBN 978-0-9723562-7-5

Eserciziario per Diario della studentessa Jean

A comprehensive workbook for in-class use or self study to accompany the stories in *Diario della studentessa Jean* along with practice exercises on grammar points, such as prepositions, pronouns and irregular verbs.

Separate answer key also available.

ISBN 978-0-9723562-8-2

For more information or to order, contact:
EDIZIONI FARINELLI
20 Sutton Place South
New York, NY 10022
+ 1-212-751-2427
edizioni@mindspring.com
www.edizionifarinelli.com